# HISTOIRE
DE
# MARGUERITE D'ANJOU,
## REINE D'ANGLETERRE.

*Par M. l'Abbé* PREVOST,

Aumônier de Son Altesse Sérénissime Monseigneur le Prince de Conty.

DEUXIEME PARTIE.

A AMSTERDAM,

Chez FRANÇOIS DESBORDES, vis-à-vis la Bourse.

M. D. CC. XL.

# HISTOIRE
## DE
## MARGUERITE D'ANJOU.

### *LIVRE SECOND.*

La Reine sembloit triompher, & se reposant sur l'ordre qu'elle avoit donné au Duc de Buckingham de rassembler des Troupes, elle entreprit une promenade avec les Roi dans differentes Provinces ; moins pour faire honneur à ce Prince, que pour se concilier à elle-même l'estime & l'affection du Peuple par ses maniéres douces & insinuantes. Elle entendoit merveilleusement l'art de gagner les cœurs, & son autorité eut été bien mieux établie par cette voye, si la grandeur de son ame ne lui eût fait dedaigner un moyen qu'elle trouvoit indigne d'elle. Cependant après tant d'efforts que ses ennemis avoient faits pour s'attirer la faveur du Public, elle se crut obligée d'employer contr'eux les mêmes armes; & cet essai lui réüssit si bien, que plusieurs Historiens lui attribuent le dessein de profiter de la disposition où elle avoit mis les Peuples de plusieurs Provinces, pour s'emparer absolument de l'autorité Royale, en persuadant à son mari d'abdiquer la Couronne, & de lui resigner tous ses droits jusqu'à la majorité du Prince Edoüard. Mais tout le detachement de Henri pour les grandeurs du monde, ne peut le faire consentir à cette proposition.

On commençoit à croire le Duc d'Yorck abbatu par la vigueur que cette Princesse avoit marquée en reprenant l'administration, lorsque le bruit se repandit que le Comte de Salisbury s'avançoit avec un corps de Troupes, pour demander Justice au Roi de l'assassinat de son fils, & pour se plaindre de l'infraction d'un Amnistie qui avoit été juré solemnellement au Conseil. La Cour s'étoit arrêtée, dans sa route, à Coleshil en Vvarwickhire. L'approche du Comte y jetta d'autant plus d'épouvante, qu'on apprit en même-tems que le Duc d'Yorck armoit puissamment dans le Pays de Galles. Mais la Reine comptant sur les ordres qu'elle avoit laissez à ses Ministres, depêcha seulement au Duc de Sommerset, pour le charger de faire partir sur le champ dix mille hommes sous le commandement de Mylord Audley. L'ordre particulier qu'elle fit donner à ce General fut de faire main-basse sur le Comte & sur sa Troupe, dont on ne faisoit monter le nombre qu'à cinq ou six mille hommes. Mais c'étoit se promettre trop d'avantage sur un Ennemi de cette prudence & de cette valeur. Quoiqu'il fût si inferieur en nombre, la crainte ne peut le faire reculer. Il employa seulement la ruse, pour obtenir une victoire qu'il ne pouvoit esperer autrement. Audley ayant posé son

Camp ſur le bord d'une petite riviere, ſon Ennemi vint ſe poſter ſur le bord oppoſé, comme ſi ſon deſſein n'eût été que de garder ce paſſage pour ſe garantir d'être attaqué. Enſuite, feignant tout d'un coup de ſe repentir de cette hardieſſe, il ſe retira pendant la nuit, en meſurant tellement ſa marche qu'à la pointe du jour les Ennemis pouvoient voir encore ſon Arriere-Garde. Cette retraite parut ſi precipitée, que les Troupes du Roi ſe flatterent auſſi-tôt qu'il n'étoit queſtion que de courir à la victoire. Elles paſſerent la riviere en deſordre. Mais tandis qu'elles étoient dans cette confuſion, le Comte de Salisbury tourna viſage, & fondant ſur celles qui étoient déja paſſées avant qu'elles euſſent le tems de ſe mettre en bataille, il les precipita ſur celles qui paſſoient encore, & les défit avec autant de ſûreté que de gloire. Le Roi y perdit près de trois mille hommes, & le General y perit lui-même avec les principaux Officiers.

Il auroit été trop dangereux pour

le Comte de Salisbury d'avancer plus loin, tandis que le Duc de Sommerset s'approchoit lui-même avec une puissante Armée. Il fut assez satisfait de s'être ouvert un passage pour aller joindre le Duc d'Yorck, qui continuoit ses levées dans le Pays de Galles ; & resolus tous deux de faire un dernier effort pour resister à l'orage qui se formoit sur leur tête, ils presserent le Comte de Vvarwick de repasser la Manche avec toutes les Troupes qu'il pourroit tirer de sa garnison de Calais. L'éloignement n'empêcha point le Comte de les rejoindre, accompagné du Chevalier Trollop, qui s'étoit acquis de la reputation dans les Guerres de France, & qui commandoit sous lui son detachement. Mais la Reine ne comptant pas moins sur la superiorité de ses Troupes, les fit avancer jusqu'à Glocester, & par le conseil de Sommerset, elle trouva le moyen de faire dispenser dans le Camp ennemi une proclamation du Roi, qui promettoit le pardon à tous les Partisans des Seigneurs rebelles, sans autre condition que de quitter aussitôt les armes. Cet artifice produisit un effet surprenant. L'Armée du Duc s'imaginant que l'avantage du nombre rendoit le Roi déja sûr de la victoire, ne songea qu'à profiter du pardon, en prenant la fuite par bandes; & Trollop même, à qui le Comte de Vvarwick n'avoit pas declaré qu'il étoit question de combattre son Maître, mit le comble au desordre en passant la nuit dans le Camp du Roi avec le Corps qu'il commandoit. Une desertion si imprevûë jetta les chefs dans une consternation qui ne leur permit plus de penser qu'à la fuite. Le Duc d'Yorck prit le parti de s'embarquer pour l'Irlande, tandis que les Comtes de Salisbury & de Vvarwick se retirerent à Calais avec le Comte de la Marche son fils, qui étoit alors âgé de dix-neuf ans.

Ce n'étoit pas la seule esperance de retablir ses affaires en Irlande qui faisoit prendre cette route au Duc d'Yorck. Il y étoit attiré sur les traces de Mylady Nevill, qui dans l'embarras où elle s'étoit trouvée par les propositions de la Reine ; avoit mieux aimé se derober de la Cour, que d'y acheter sa faveur au prix dont on l'avoit fait dependre. Cette Princesse, en approuvant le conseil qu'elle avoit reçu de Sommerset, avoit pris occasion du premier succès de cet artifice pour former un autre dessein dont elle esperoit des fruits beaucoup plus importans. C'étoit pour quelqu'entreprise de cette nature qu'elle avoit gardé si long-tems Mylady Nevill auprès d'elle. Ne pouvant douter qu'elle ne consevât toujours son ancien pouvoir sur le Duc d'Yorck, elle lui avoit proposé de se rendre pendant la nuit dans un Village qui étoit à peu de distance de son Camp, & de le faire avertir qu'elle y étoit venuë pour se procurer encore une fois la satisfaction de le voir. Ce qu'elle auroit jugé à propos de lui dire ou de faire pour lui dans le rendez-vous où elle l'auroit engagée, avoit été abandonné à son choix, parce que la Reine s'imaginant bien qu'il ne se feroit point accompagner d'un Corps de Troupes considerable dans une partie d'amour, se proposoit de le faire enlever par l'élite de sa Cavalerie dont elle avoit déja disposé les chefs à cette entreprise. Mylady Nevill, accoûtumée à joindre les plus nobles sentimens aux foiblesses du cœur, dédaigna interieurement une si vile commission; & quoiqu'il lui restât peu d'inclination pour le Duc, elle ne peut entendre sans douleur qu'on lui proposât de trahir un homme qu'elle avoit aimé. Mais n'osant rejetter ouvertement des instances qui étoient accompagnées d'autant de menaces que de promesses, elle feignit de s'y rendre, dans la resolution d'avertir le Duc du péril qui le menaçoit, & de chercher ensuite une retraite où elle pût trouver la fin de tant d'avantures dont elle commençoit à se lasser. Elle se fit conduire dans le Village que la Reine lui avoit marqué; mais au lieu d'inviter le Duc à s'y rendre, elle lui avoit écrit qu'il devoit se garder de quitter son Camp, s'il ne vouloit exposer sa vie.

Cependant, comme le Duc d'YORCK ne put recevoir cette lettre

tre ſans apprendre du Meſſager, que Mylady Nevill étoit dans un Village peu éloigné, il y envoya deux de ſes plus fidéles Officiers, autant pour l'engager à ſe laiſſer conduire dans ſon Camp que pour tirer d'elle un ſecret qu'elle ne lui avoit communiqué qu'à demi. Ils eurent toute la facilité qu'ils ſouhaitoient de l'entretenir. Mais après avoir reconnu par leurs offres qu'elle les trouveroit diſpoſez à la ſervir avez zéle, elle les pria de la conduire au Port voiſin, en leur faiſant eſperer que le Duc leur tiendroit compte de ce ſervice; l'ordre que les Gens du Roi avoient de lui obéir, lava tous les obſtacles qu'elle en auroit pu craindre. Son intention étoit peut-être de paſſer en Irlande, où elle avoit demeuré aſſez long-tems pour s'y être formé des habitudes; & ſans doute qu'elle marqua ce deſſein à ſes guides, puiſqu'ils le rapporterent au Duc d'Yorck. Mais dans les allarmes qui la faiſoient fuir, elle monta ſur le permier Vaiſſeau quelle trouva prêt à faire voile. C'étoit un de ceux que le

Comte de Vvarwick avoit amenez de Calais, & celui qui avoit ordre de se tenir disposé à partir pour servir à la retraite du jeune Comte de la Marche si le sort des armes se déclaroit contre son pere. Cette nuit étant la même que le Chevalier Trollop avoit choisie pour se ranger du parti du Roi, c'étoit aussi celle où le Comte de la Marche, accompagné des Comtes de Salisbury & de Vvarwick fut forcé par son pere, de se rendre à bord, pour gagner Calais; de sorte que ces trois Seigneurs entrerent dans le Vaisseau presqu'au même moment que Mylady Nevill, & dans le tems qu'elle faisoit au Capitaine, des questions sur sa route ausquelles il n'étoit point en état de satisfaire.

Dans la précipitation avec laquelle on se mit en Mer, elle entendit nommer les deux Comtes, & elle ressentit à ces deux noms autant de crainte que de surprise, sans pouvoir se procurer le moyen de sortir du Vaisseau. Elle ne put même éviter dès le lendemain la vûë de son pere, qui marqua de l'empressement pour offrir ses services à une Dame dont on lui vanta les charmes, en lui apprenant qu'elle étoit la compagne de sa route. Mais ne pouvant manquer d'adresse après toutes ses avantures, elle le reçut avec autant de tranquillité que si elle s'étoit préparée à le voir, & s'étant jettée à ses pieds, elle fit valoir la confiance qu'elle avoit euë dans l'affection paternelle, pour lui demander un azile qu'elle ne pouvoit plus esperer en Angleterre depuis qu'elle s'étoit atterré la disgrace de la Reine, en rendant service au Duc d'Yorck & à son parti C'étoit prendre ce genereux vieillard par l'endroit le plus sensible. Il oublia le juste ressentiment qu'il avoit de la conduite de sa fille, pour lui faire expliquer en quoi elle avoit offensé la Reine. Mylady Nevill, rentrant alors dans le cours de la verité, dont elle lui apprit toutes les circonstances, obtint bien-tôt sa grace en faveur d'une si belle action. Mais on voulut sçavoir tout ce qu'elle avoit pu découvrir des desseins de la Reine dans la familiarité où elle avoit vécu près d'elle, & cette curiosité la replongea dans d'autres peines.

Si l'on a suivi toutes les circonstances de sa conduite, on trouvera son caractére assez extraordinaire pour avoir mérité justement l'attention des Historiens, & l'admiration qu'elle a obtenue dans sa Patrie. C'est un mêlange bizarre des vertus & des vices qui paroissent le moins faits pour être réunis ; toute la noblesse, la droiture & la générosité d'un sang illustre, avec le déréglement d'inclinations & la corruption des mœurs qui rendent une femme méprisable dans les conditions les plus communes. Elle résista longtems à tout le poids de l'autorité paternelle, & l'unique aveu que le Comte put tirer d'elle, fut que la Reine avoit juré la perte du Duc d'Yorck, & que les raisons d'Etat dont elle coloroit sa haine n'étoient que le voile de ses ressentimens personnels. Il falloit qu'elle eut pénétré beaucoup plus loin dans les secrets du Ministére, puisqu'ajoûtant un conseil à cette déclaration, elle pressa son pere de s'opposer au-dessein que le Duc pourroit former de rentrer en Angleterre ; & sans se laisser ébranler par les priéres ni par les menaces, elle refusa constamment de trahir la Reine & le Duc de Sommerset.

Cependant la conduite des Vainqueurs jetta quelque jour sur ce qu'elle annonçoit avec tant d'obscurité. La Reine étant retournée à Londres comme en triomphe, convoqua l'assemblée du Parlement, & craignant peu de résistance à la tête de ses Troupes, elle fit déclarer le Duc d'Yorck & ses principaux adhérans, ennemis de l'Etat, & coupables de haute trahison. Tous leurs biens furent confisqués par la même Sentence, & cette rigueur s'étendit jusqu'à leurs descendans, qui furent déclarés incapables de posseder aucune Charge publique jusqu'à la quatriéme génération. Le Duc d'Excester fut revêtu de la Charge de Grand-Amiral, qui n'étoit pas encore remplie ; & tandis qu'il mettoit un nouvel ordre dans la Marine, le Duc de Sommerset reçut ordre d'aller prendre possession de son Gouvernement de Calais. A la verité, il compta trop aisement que le Comte de Vvarwick lui remettroit cette Place, ou qu'étant presque sans garnison, il ne seroit point capable d'une forte resistance. Cependant, la valeur des Officiers suppléant au nombre; le Duc se vit contraint de se retirer à Guines, pour s'y donner le tems d'augmenter ses forces. La Reine fit équiper sur le champ quelques Vaisseaux à Sandwich, sous le Commandement du Chevalier Manford. Mais le Comte de Vvarwick étant remonté sur les siens, les surprit dans le Port au moment qu'on s'y attendoit le moins, fit tous les Officiers prisonniers. Il les mena à Calais, où le Comte de la Marche en fit executer douze, par represailles de quelques executions aussi sanglantes que la Reine avoit fait faire à Londres après la rencontre de Ludlow.

Quoique le Comte de Salisbury neût tiré de sa fille que des explications imparfaites, elles lui suffirent pour juger que la liberté ou la vie du Duc d'Yorck étoit menacée par quelque trahison, & ce fut sur cette crainte que l'ayant fait avertir de ne pas abandonner l'Irlande, il forma le plus fatal dessein que la Reine eût à craindre pour la ruïne de tous les siens. La Province de Kent ayant marqué dès le commencement de la Guerre un zéle éclatant pour la Maison d'Yorck, il ne douta point que le même feu n'y pût être aisément rallumé, sur-tout dans des circonstances où la Cour y faisoit faire de rigoureuses informations contre les chefs de l'ancienne révolte. Falcombrige, qu'il y fit passer de Calais, l'ayant confirmé dans cette esperance, il le chargea d'y répandre un Manifeste, où pour s'assurer également de tous les ordres de la Province, il attestoit le Ciel qu'il n'avoit point d'autre motif en prenant les armes que de délivrer le pauvre Peuple de l'oppression sous laquelle il gemissoit, & de lui assurer ses libertés & ses privileges. Ainsi, sans nommer le Duc d'Yorck, parce qu'il se tenoit sur de ses Partisans, il mettoit dans ses intérêts jusqu'à ceux qui avoient le plus d'éloignement pour la ruine des Lancastres. Avec l'Armée nombreuse qu'il comptoit de lever en un moment par cette ruse, il étoit résolu d'aller droit à Londres, où son Parti ne manquoit pas d'intelligences, de se rendre maitre de la Ville, & de fondre ensuite sur la Cour qui étoit sans défense à Coventry, pour arracher aussi-tôt le Sceptre de la main du Roi, & l'offrir au Duc d'Yorck, qu'il rappelleroit alors d'Irlande.

Un si grand projet ne pouvoit être formé par deux hommes plus capables de l'exécuter. Les Comtes de Salisbury & de Vvarwick, partis de Calais avec quinze cens Soldats, se trouverent à la tête de quarante mille en arrivant aux portes de Londres. Elles leur furent ouvertes par les habitans, qui étoient disposés à les recevoir. L'Archevêque de Cantorbery, les Evêques de Londres, de Lincoln, & de plusieurs autres Villes se déclarerent pour eux. Ils ne trouverent d'opposition que de la part du Lord Scales, Gouverneur de la Tour, qui étant arrivé aussi-tôt qu'eux avec quelques Troupes, menaça de détruire la Ville à coups de Canon. Ils prirent le change, en se laissant amuser par ses Escarmouches, & c'est la seule faute qu'il y eut à reprocher à leur prudence. Scales vouloit donner à l'Armée du Roi le tems de se rassembler. Le Duc de Sommerset revenu nouvellement de Guines, & le Duc de Buckingham, furent nommés pour la conduire, ou plutôt la Reine la commandoit elle-même, puisque malgré la présence du Roi, rien ne s'y faisoit que par ses ordres. Elle s'avança vers les Mécontens jusqu'à Northampton, où elle campa dans la Plaine, ayant à dos une petite riviere qu'elle s'étoit hâtée de passer, de peur que les ennemis ne se servissent de cette barriere pour retarder le combat.

Le jeune Comte de la Marche, qui s'étoit mis à la tête de son parti, n'eut pas plutôt appris que le tems qu'on perdoit à Londres avoit donné au Roi celui de rassembler ses

Troupes, qu'il pria le Comte de Salisbury de demeurer dans la Ville pour faire téte au Lord Scales, tandis qu'il iroit au devant des Ennemis avec le Comte de warwick & Mylord Cobdam, qui prirent la qualité de ses Lieutenans Generaux. Il étoit important pour ce jeune Prince de paroitre avec cette distinction dans un parti dont il devoit être un jour le chef.

Cependant, le Comte de warwick, chargé de tous les soins du Commandement, pressa si vivement sa marche, qu'il joignit l'Armée du Roi à Northampton. Ayant assis son Camp à peu de distance, il soutint la feinte de son pere, en deputant l'Evêque de Salisbury au Roi pour lui faire des propositions vagues qui ne furent point écoutées. Il affecta de ne pas se rebuter, & raillant l'Evêque du mauvais succès de sa commission, il renvoya à sa place un Heros d'Armes, avec ordre de demander pour lui-même la permission d'aller faire au Roi ses très-humbles remontrances. Mais ce second Messager ayant été rejetté avec beaucoup de hauteur ; le Comte, piqué à son tour, en fit partir un troisiéme, chargé de cette brusque déclaration : " qu'il auroit l'honneur „ de parler au Roi avant qu'il fut quatre heures sonnées, ou qu'il seroit étendu sans vie sur le champ „ de Bataille.

Cette menace fut regardée comme le signal du combat. Rapin a recueilli avec tant de soin les principales circonstances de cette memorable Journée, que j'emprunterai une partie de ses termes : Le 19. Juillet 1460. dit cet Historien, l'Armée s'avança vers celle du Roi. Le Comte de warwick commandoit l'aile droite, le Lord-Cobham étoit à la gauche, & le Comte de la Marche au centre. Les Ducs de Sommerset & de Buckingam étoient à la tête de l'Armée Royale, pendant que la Reine se tenoit à quelque distance pour observer les évenemens & pour distribuer ses ordres ; le Roi demeura au camp dans sa Tente, attendant le succès d'un combat, qui selon les apparences, devoit lui assurer la Couronne ou ou l'en priver pour jamais. La Bataille ne commença qu'à deux heures après midi, après que les Seigneurs eurent fait publier dans leur Armée qu'on se fit une loi inviolable de ne faire aucun mal au Roi, d'épargner les simples Soldats, & de faire main-basse sur les Officiers. Un Historien Anglois prétend que par ce dernier ordre, qui fut compris de tout le monde, ils entendoient les Ducs de Sommerset & de Buckingham, ausquels le Duc de Vvarwick portoit une haine personnelle. On combattit deux heures (*a*) avec tant de furie, que le Champ de Bataille étoit couvert de morts. Enfin, le Lord Gray, qui commandoit un Corps considérable de l'Armée du Roi, s'étant rangé tout d'un coup du côté des Mécontens, cette défection imprévûe fit perdre cœur aux Troupes Royales. Elles commencerent peu à peu à lâcher pied, & la riviere qu'elles avoient à dos s'opposant à leur passage, il s'en noya un grand nombre, tandis que

(*a*) Quelques Historiens disent cinq heures.

les autres furent taillés en piéces avec tant d'acharnement, qu'il en perit dix mille.

Le Duc de Buckingham, le Comte de Shrewsbury, fils du fameux Talbot, le Lord Beaumont & plusieurs autres personnes de distinction furent tués sur la place.

Quel sujet de consternation pour la Reine ! mais ce n'étoit que le prélude de ses malheurs. Elle prit la fuite avec le jeune Prince de Galles & le Duc de Sommerset ; & dans l'incertitude de la retraite qu'elle devoit choisir, troublée mortellement par la crainte d'être livrée à ses ennemis, elle se détermina enfin à prendre la route de Durham. Pendant qu'elle se sauvoit à toutes brides, Henri, qui n'avoit pas quitté sa Tente, fut enlevé par le Comte de Vvarwick. Il fut conduit à Northampton, & de-là à Londres, dans un état qui auroit paru plus digne de pitié, si son imbécillité naturelle ne l'eût rendu comme insensible à la bonne & à la mauvaise fortune. Le Comte de Salisbury, qui voyoit une partie de ses projets exécutés par ſon fils, dépêcha auſſi-tôt en Irlande, pour inviter le Duc d'Yorck à venir prendre poſſeſſion de la Couronne. Le tems qui étoit neceſſaire au Duc pour le voyage fut employé à convoquer un Parlement, & dans cet intervale, les Vainqueurs uſerent de l'autorité Royale pour tout ce qui étoit convenable à leurs interêts.

Il ſembloit effectivement que le Duc d'Yorck n'eut qu'à paroître pour recueillir tous les fruits de la victoire. Cependant, ſoit qu'il fut arrêté par quelques raiſons politiques qui l'obligerent encore à la moderation, ſoit qu'il ne trouvât point le Parlement diſpoſé à ſeconder tous ſes deſirs, il ne fit point tout l'uſage qu'il pouvoit du ſuccès de ſes armes. S'étant rendu à la Chambre des Seigneurs, qui étoient deja aſſemblez, il ſe plaça près du Trône, comme s'il eut attendu qu'on le priât d'y monter. Mais il eut, comme Jules Ceſar, le chagrin de voir regner autour de lui un ſilence qui glaça ſon courage. L'Archevéque de Cantorbery augmenta ſa confuſion, en lui demandant s'il avoit salué le Roi depuis son arrivée. Sa rougeur le trahit à cette question. Il répondit au Prélat qu'il ne connoissoit personne à qui il dût cet honneur, & sortant de la Chambre avec les marques d'un vif dépit, il se retira dans sa maison, d'où il envoya au Parlement un Ecrit qui contenoit ses prétentions, & les raisons sur lesquelles il les croyoit appuyées Il paroit étonnant que le Comte de Salisbury & les autres chefs de la même faction n'eussent pas tenté de donner le branle à l'Assemblée des Seigneurs, en proposant au Duc de s'asseoir sur le Trône; mais il vouloit devoir apparemment cet honneur aux suffrages libres de la Nation, & ses Partisans avoient reçu ses ordres. Quoiqu'il en soit, les délibérations des deux Chambres ne lui furent point aussi favorables qu'il l'avoit espéré. En reconnoissant son droit incontestable à la Couronne, on régla par un acte solemnel, qu'il ne la porteroit qu'après la mort de Henri, & que ce Prince demeureroit pendant le reste de sa vie en possession de son rang. C'étoit donner néanmoins une exclusion formelle à la Maison de Lancastre, éloigner du Gouvernement la Reine & le Prince de Galles, enfin livrer le Roi entre les mains du Duc avec toute l'autorité Royale.

Il parut satisfait de ce tempérament, parce qu'il n'y avoit que la force ouverte qui pût lui faire obtenir davantage. S'il lui resta quelque chose à desirer, ce fut de se voir délivré d'une Ennemie aussi dangereuse que la Reine. N'ignorant point qu'elle s'étoit retirée à Durham, il lui fit porter un ordre du Roi de se rendre à la Cour, sans esperance à la vérité de lui trouver assez de soumission pour venir se livrer entre ses mains, mais assez content s'il pouvoit lui faire un crime aux yeux de la Nation du refus qu'elle feroit d'obéir à son mari, & se flattant même que dans l'impuissance où il la croyoit de former la moindre entreprise, elle seroit forcée d'abandonner l'Angleterre pour chercher une autre retraite avec son fils.

Jusqu'ici les grandes qualités de Marguerite ont paru comme obscurcies par le secours qu'elle tiroit de ses Ministres. Avec les lumiéres d'un Suffolck & l'audace du premier Sommerset, il ne lui falloit que de l'ambition pour gouverner avec éclat, & pour se faire craindre ou respecter de ses plus fiers Ennemis. Mais dans l'état où elle se trouvoit réduite depuis la Bataille de Northampton, il ne lui restoit plus de ressource que dans elle-même. Sa suite étoit à peine composée de huit personnes, qui étoient plutôt ses Domestiques que ses Conseillers ou ses amis. Le Duc de Sommerset venoit de passer en France par son ordre, pour aller solliciter des secours fort incertains dans les circonstances de la mort récente du Roi Charles, qui venoit de se laisser mourir de faim dans la crainte d'être empoisonné par le Dauphin son fils. Elle avoit à se défier continuellement des Bourgeois de Durham, dont tous les respects lui paroissoient forcés, & qui lui faisoient trop valoir le péril auquel ils s'exposoient en lui accordant un azyle. Elle étoit sans argent, sans armes, sans relations dont elle pût esperer des ouvertures, enfin sans la moindre apparence de secours & de conseils. Ce fut dans une situation si accablante qu'elle reçut l'ordre de retourner à Londres. L'interêt de sa gloire, sa tendresse pour son fils, la haine qu'elle portoit à ses Ennemis, furent les éguillons qui exciterent toute la grandeur de son ame, & qui lui firent entreprendre ce qu'elle n'auroit osé se promettre au plus heureux tems de son autorité & de sa puissance. Mais si l'on a peine à reconnoitre une femme dans les héroïques desseins qui lui réüssirent, on reconnoitra bien moins une Reine dans les tristes avantures dont elles furent suivies; & cette varieté d'évenemens va former une lecture si interessante, que si je ne parlois sur la foi de tous les Historiens, on me soupçonneroit d'avoir transformé en Roman une des plus serieuses parties de l'Histoire.

Après avoir excité sa memoire à se rappeller tous les noms qui avoient fait quelque bruit dans la Guerre, & ceux qui avoient été mêlez particulierement dans la querelle de la Maison Royale, la Reine se souvint que les Lords Roos & Clifford avoient tous deux un Pere à venger. Ils l'avoient perdu l'un & l'autre à la fin d'une Bataille, dans une circonstance où la vie de ces deux Seigneurs pouvoit être épargnée, parce que leur mort n'ajoûtoit rien aux fruits de la victoire. Marguerite ne douta point qu'un ressentiment si juste ne subsistât encore dans le cœur de leurs enfans. Ils avoient des Terres considerables dans le Nord de l'Angleterre. Leurs Vassaux lui parurent autant de Soldats sur lesquels elle pouvoit compter. Elle quitta furtivement Durham pour suivre ce premier rayon d'esperance, après avoir pris soin de faire repandre le bruit qu'elle se disposoit à passer en France. Sa route fut longue & difficile. Il faloit marcher la nuit plus souvent que le jour, & manquer quelquefois de toutes sortes de commoditez. Le hazard la fit tomber un jour dans la maiſon d'un des douze Officiers à qui le Comte de la Marche avoit fait trancher la tête à Calais. Elle trouva dans ſes enfans tant d'ardeur pour venger leur pere, que profitant auſſi-tôt de cette ouverture, elle les chargea de raſſembler tous les parens & les amis de ceux qui avoient eu part au même ſupplice, & de les lui amener dans les Terres du Lord Clifford où elle avoit deſſein de ſe rendre.

Ce Seigneur entra tout d'un coup dans les vûës de la Reine, & ſe tint honoré de la préference qu'elle lui accordoit dans le choix de ſes Défenſeurs. Ses amis & ſes Vaſſaux ſe laiſſerent enflammer du même zéle. Il ſe chargea de gagner Mylord Roos & le Comte de Dévonshire, qui ſe piquerent de ne pas marquer moins de diligence & d'ardeur. Dans l'eſpace de huit jours, la Reine ſe vit une garde de deux mille hommes bien armez. L'arrivée de ceux qu'elle s'étoit aſſurez ſur la route l'ayant augmentée de cinq cens hommes, dont la plûpart étoient au-deſſus de la condition de Soldats, elle choisit ceux dont elle crut pouvoir tirer quelque service en qualité d'Officiers. Elle se les attacha par ses flatteries & ses caresses autant que par l'interêt commun qui les avoit réünis. Il n'étoit pas question de récompense dans une conjoncture où elle ne subsistoit elle-même que par la generosité des Seigneurs qui la faisoient vivre. Mais pour gagner ceux qui n'étoient pas capables de se laisser conduire par des motifs si nobles, elle employa un autre artifice dont le succès surpassa ses esperances. Ce fut de leur promettre le pillage de toutes les Terres du Duc d'Yorck & des Seigneurs de son parti, qui pourroient se rencontrer dans sa marche. Cette promesse lui créa dans peu de jours une Armée. Elle se trouva ainsi à la tête de vingt-cinq mille hommes, qui accoururent de toutes les Provinces voisines, avant que le Duc d'Yorck & ses amis eussent le moindre soupçon de l'orage qui les menaçoit.

Il croyoit la Reine en France, & s'il avoit souhaité son départ comme le seul moyen de joüir tranquillement de tous ses avantages, il regrettoit depuis quelque-tems qu'elle fût échappée à sa vengence. Mylady Nevill retablie dans l'amitié de son pere, avoit perdu les idées de retraite qui lui avoient fait quitter sa Patrie ; & rappellée à Londres par la disgrace de la Reine, dont le ressentiment ne lui paroissoit plus à redouter, elle n'avoit pas resisté à l'ambition qui lui avoit fait revoir avec plaisir le premier homme de l'Etat dans son Amant. Le Duc s'étant attaché à elle avec de nouveaux empressemens, elle s'étoit renduë plus facilement à ses instances qu'à celles de son pere. L'éloignement de la Reine sembloit lever le scrupule qu'elle avoit eu de la trahir. Enfin, dans les explications qu'elle avoit eues avec lui sur l'avanture de Ludlow, non-seulement, elle lui avoit decouvert le risque qu'il avoit couru pour sa liberté, mais le felicitant encore d'avoir suivi les conseils de son pere qui l'avoient retenu en Irlande, elle lui avoit appris que sa mort avoit été jurée entre la Reine

& le jeune Duc de Sommerset. Sans approuver leur serment, Mylady Nevill à qui ils avoient cru les mêmes desirs de vengeance pour la mort de Sommerset le pere, s'étoit trouvée comme obligée d'entrer dans leur complot. L'execution en devoit être fort sanglante. La Reine se proposoit, après avoir fait enlever le Duc, de le faire conduire secretement dans le Château où son favori avoit reçu la sepulture après la Bataille de Saint Albans, & de le faire égorger sur son tombeau.

En faisant ce récit au Duc d'Yorck, Mylady Nevill lui avoit protesté qu'elle n'avoit feint de goûter le furieux projet de la Reine que pour s'assurer plus de facilité à le faire manquer, & le service qu'elle lui avoit rendu à Ludlow garantissoit sa sincerité. Mais le Duc en avoit conçu tant d'horreur pour son Ennemie, qu'il ne se pardonnoit point de l'avoir laissée tranquille à Durham, & de lui avoir comme ouvert la voye pour se sauver en France. Il étoit dans ces dispositions lorsqu'il apprit de quoi il étoit menacé par une femme d'un caractere si implacable. Cette puissante Armée qu'elle commandoit elle-même, sembloit avoir été tirée du neant. Il avoit congedié nouvellement ses Troupes; & le Comte de Vvarwick, son Heros, étoit depuis peu dans son Gouvernement de Calais.

Cependant, le Comte de Salisbury ramassa cinq mille hommes avec toute la diligence dont il étoit capable, & servant de conseil au Duc qui se mit à leur tête, ils s'avancerent ensemble jusqu'à Vvakelfield, où l'Armée de la Reine étoit campée. Leur animosité se changea en fureur à la nouvelle d'une infinité de desordres que leur Ennemie avoit fait commettre dans leurs Terres, & dans celles de leurs amis. On s'attendoit moins à une Guerre reglée, qu'aux plus affreux excès où deux Partis puissent être entraînez par la haine.

Cependant le Duc apprit que l'Armée de la Reine grossissoit de jour en jour, & ne comptant point sur d'autres Troupes que celles qu'il attendoit du Pays de Galles, il ne pouvoit

pouvoit les esperer assez tôt pour satisfaire l'ardeur qu'il avoit de combattre en arrivant à Vvakelfield. Il se trouva même obligé, par l'inegalité du nombre & par la necessité de se couvrir de quelques retranchemens, de se renfiermer dans le Château de Sandal qu lui apprtenoit, & dans lequel il ne pouvoit ètre aisement forcé sans Artillerie. Il y fut investi aussi tôt par la Reine, mais lorsqu'elle eut reconnu la situation de cette Place, elle desespera de l'emporter par une attaque reguliere, & reprenant son Camp dans la plaine, elle resolut d'affamer son Ennemi, en lui coupant tous les passages. Il n'en coutoit qu'à sa haine, dont la violence étoit ainsi suspenduë. Encore trouva-t'elle le moyen de la satisfaire par les défis & les menaces qu'elle lui fit continuellement, en lui reprochant qu'un homme qui aspiroit à la Couronne, avoit la lâcheté de se laisser enfermer par une femme. Le Duc avoit marqué jusqu'alors beaucoup de prudence & de conduite. Mais emporté par ses ressentimens, il ne s'imposa plus de bornes. Ces reproches lui étoient faits par écrit : il y répondit de même par les plus injurieuses accusations. Il traita la Reine d'incestueuse & d'adultere, dans le commerce qu'il lui attribuoit avec les deux Sommersets ; & la peignant comme un monstre d'incontinence & d'ambition, il se glorifioit d'être appellé par le Ciel à la punition de ses crimes. Ils s'irriterent ainsi mortellement pendant huit jours, & si le Comte de Salisbury n'eût retenu le Duc, il auroit couru mille fois à la vengeance, sans égard pour le nombre & au mépris de tous les hazards.

La Reine qui le tenoit trop bien renfermé pour craindre qu'il pût lui échapper, joüissoit déja du plaisir de voir sa victime entre ses mains & s'occupoit à mediter son supplice. Tant de lenteur neanmoins l'auroit exposée à quelques revers, si le Duc se fût assez moderé pour attendre le Comte de la Marche son fils, qui avoit déja levé vingt-trois mille hommes avec lesquels il accouroit pour le dégager. Mais il crut s'appercevoir que la Reine, qui avoit divisé ses forces, dans la vûë de lui couper les vivres, n'avoit retenu près d'elle qu'un Corps de Troupes qui ne surpassoit pas les siennes. Il se flatta qu'en fondant sur elle, il auroit le tems de la défaire entierement, ou de la tuer ou de l'enlever, avant que les autres parties de son Armée pussent la rejoindre. Tous les conseils du Comte de Salisbury ne furent point capables de lui faire abandonner cette pensée.

Il ne se trompoit point en croyant la Reine assez mal accompagnée; mais il ne sçavoit pas que c'étoit un artifice de cette Princesse, pour l'attirer hors de ses murs. Elle avoit posté quinze mille hommes derriere une colline, qui les déroboit à la vûë du Château. A peine le Duc se fut-il avancé dans la plaine, qu'il reconnut son imprudence. Il étoit tems encore de la reparer en se hâtant de retourner sur ses pas; mais la honte de fuir, & l'esperance de suppléer à la petitesse de son Armée par son experience & son courage, lui firent tenir ferme contre la premiere attaque de l'Ennemi. Il le repoussa même avec quelqu'avantage, & ne se presentant pas avec moins de fermeté aux quinze mille hommes qui fondirent aussi-tôt sur lui, il se soutint quelques momens sans perte & sans desordre. Enfin, le nombre ayant entierement prévalu, ses Troupes furent taillées en pieces, & il perdit lui-même la vie en combattant avec un merveilleux courage. Le Comte de Salisbury fut fait prisonnier, après avoir été blessé dangereusement.

Une mort si glorieuse faisoit perdre à la Reine la plus douce partie de sa vengeance. Cependant ses amis y suppléerent par une action qu'elle ne put apprendre elle-même sans horreur. Le Duc avoit eu à son côté, dans le combat, son second fils, qui portoit le titre de Comte de Rutland, jeune homme d'une grande esperance, & qui étoit encore sous la conduite d'un Gouverneur. Il prit la fuite après la mort de son pere; & par l'adresse autant que par le courage du Gouverneur, il s'approchoit déja du Château de Sandal, où sa vie auroit été du moins en sûreté. Mais le Lord Clifford qui l'avoit vû fuir, le poursuivit avec tant de diligence qu'il le joignit à cent pas du Château. Il le fit saisir par ses gens, & lui enfonca de sang froid son poignard dans le sein, malgré les instances & les larmes du Gouverneur, qui lui demandoit à genoux la vie de ce malheureux Prince.

Ce fut le même Clifford, qui retournant aussi-tôt sur le Champ de Bataille, y fit chercher le corps du Duc, qui fut trouvé sous un tas d'autres Morts. Il lui coupa la tête, & lui ayant fait à la hâte une Couronne de papier, il la mit au bout d'une lance pour l'offrir dans cet état à la Reine. Elle détourna d'abord les yeux, comme si elle eût été effrayée de cette vûë. Mais sa force de la haine & de la vengeance prenant le dessus sur tous ses sentimens, elle voulut que cet affreux objet demeurât exposé devant elle pendant le reste du jour, & elle le fit planter ensuite sur les murailles d'York. Le Comte de Salisbury, fut [illegible]cé d'assister à ce spectacle &

tout blessé qu'il étoit, il fut conduit sur le champ dans une Ville voisine, où la Reine donna ordre qu'on lui tranchât la tête sur un échaffaut. Ce brave vieillard laissa tomber quelques larmes, en regretant de n'avoir pas versé au lit d'honneur le peu de sang qui lui restoit.

Tel fut le succès de cette fameuse Bataille, qui sembloit devoir relever la Maison de Lancastre, & ruiner toutes les esperances de celle d'Yorck par la mort de son chef. La Reine étoit si persuadée qu'il ne lui restoit plus rien à redouter après sa victoire; qu'affectant plus de mépris pour le Comte de la Marche que le Duc d'Yorck n'en avoit marqué pour elle, la nouvelle de son approche ne put lui ôter le dessein de se rendre à Londres, pour achever glorieusement son ouvrage en délivrant le Roi son époux. Elle y étoit appellée d'ailleurs par l'esperance de surprendre le Comte de Vvarwick, qui y étoit demeuré à garder ce Prince, & qui étoit le seul homme, dans l'Etat, qu'elle crût capable de ranimer un parti dont elle venoit d'abattre le fondement. Il lui parut si impossible qu'il pût lui échapper, qu'en faisant porter la tête du Comte de Salisbury à Yorck pour y être plantée sur le mur à côté de celle du Duc, elle avoit recommandé qu'on prit soin d'y préparer une place pour celle de son fils; & sa seule crainte, étant qu'il ne prit le parti de quitter Londres pour joindre le Comte de la Marche, elle forma plusieurs détachemens de son Armée, qui eurent ordre de garder les chemins qui conduisent au Païs de Galles, & de lui couper du moins les passages, s'ils ne pouvoient le prendre vif ou mort.

Le Duc de Sommerset, qui revenoit de France, avec peu de fruits de sa negociation, la reçut sur sa route, dans le Château qu'il avoit près de Saint Albans. Il étoit arrivé la veille, avec si peu de suite & d'éclat, que ne s'étant pas même fait connoître en chemin par son nom, la nouvelle de son retour n'étoit pas encore sortie de son Château; de sorte que la rencontre inesperée d'un

Ministre si fidéle causa à la Reine autant de surprise que de joye. Après lui avoir rendu compte de ce qu'il avoit fait pour son service, & l'avoir remerciée de la vengeance qu'elle avoit tirée de la mort de son pere, il lui apprit que le hazard lui offroit une belle occasion de chagriner le Comte de Vvarwick, & peut-être de le faire tomber entre ses mains, en se saisissant d'une femme qu'il aimoit avec la plus vive passion. Le Duc parloit d'*Elizabeth Vvoodvville*, qui étoit revenuë de France avec lui sans le connoître, & qui se rendant auprès de sa famille dans la Province de Northampton, s'étoit arrêtée à Saint Albans pour y passer la nuit. Cette Dame étoit fille de Jacqueline de Luxembourg, Duchesse de Betfort & née de son second mariage avec le Chevalier Richard Vvoodwille. Son pere l'ayant mariée dans son enfance au Chevalier Gray, l'un des plus zélez Partisans de la Maison de Lancastre, elle avoit eu tout à la fois le malheur de perdre son mari à la Bataille de Saint Albans, & celui de voir tous ſes biens confiſquez par le Vainqueur. C'étoit pour reparer le mauvais état de ſa fortune qu'elle avoit entrepris le voyage de France, avec l'eſpoir d'y recueillir quelques biens de la ſucceſſion de ſa mere. Le Comte de Varwick qui étoit alors Gouverneur de Calais, l'avoit vue lorſqu'elle avoit paſſé dans cette Ville, & joignant à ſes qualitez héroïques beaucoup de penchant pour les femmes, il avoit conçu pour elle une de ces grandes paſſions, qui deviennent la ſource de mille evenemens extraordinaires dans le cœur d'un Heros. Il avoit fait pluſieurs fois le voyage de Paris, dans le ſeul deſſein de la voir, & ſa recommandation n'avoit pas peu ſervi au ſuccès des affaires qui la conduiſoient en France. Il ignoroit neanmoins ſon retour, par la modeſtie d'Elizabeth, qui ne s'étoit pas renduë aſſez familiere avec lui pour l'en avertir, & le Duc de Sommerſet n'étoit informé de ce detail que par les lumieres qu'il avoit reçues dans ſon dernier voyage de France.

Il étoit si important pour la Reine de mettre le Comte de Warwick hors d'état de nuire à ses entreprises, que dans la resolution de ne rien negliger, elle donna ordre sur le champ que saint Albans fut investi, moins pour faire entrer de la violence dans le dessein qu'elle formoit sur le recit du Duc, que pour faciliter au contraire par une voye douce l'envie qu'elle avoit de retenir Elisabeth dans cette Ville, sans qu'on pût soupçonner que c'étoit à elle qu'elle pensoit particulierement. Après s'être assurée qu'elle n'étoit point encore partie, elle depêcha au Comte de Warwick un homme adroit, qui feignit de lui être envoyé par sa Maîtresse, pour lui porter ses plaintes de la captivité où elle étoit retenue à saint Albans, & pour le prier de lui procurer quelque moyen de se rendre dans la maison de son pere, où elle étoit appellée par des interêts fort pressans. La pensée de la Reine étoit que le Comte hazarderoit tout pour servir une personne si chere, ou peut-être seulement pour la voir.

Dans les idées de galanterie qui étoient particulieres à ce siecle, on cherchoit à se signaler par les avantures les plus bizarres & les plus perilleuses. Un détachement considerable, qui avoit ordre de se regler sur les lumieres qu'il recevoit du Messager, devoit enlever le Comte, s'il sortoit de Londres, & le tuer, s'il faisoit assez de resistance pour rendre l'entreprise douteuse.

Mais elle manqua par deux obstacles qui faillirent à causer la perte de la Reine. Ses Troupes étoient les mêmes qu'elle avoit rassemblées par l'esperance du pillage, & leur avidité n'ayant point encore été satisfaite, elles regarderent l'ordre de blocquer saint Albans comme une permission tacite de piller cette Ville. Leur emportement fut si furieux, que la Reine s'y étant transportée elle-même, au premier bruit du desordre, à peine eut-elle le pouvoir d'arrêter une Armée seditieuse qui se croyoit en droit de lui faire acheter ses services. Elle la fit rentrer neanmoins dans son Camp, &

tandis qu'elle retournoit au Château du Duc de Sommerset, on lui presenta Elizabeth Voodwille, qui dans l'allarme où elle étoit avec toute la Ville, venoit lui demander volontairement sa protection. Rien n'étoit si propre à lui faire oublier le chagrin qu'elle avoit ressenti du mepris de ses ordres. Elle la reçut avec l'admiration qu'on ne pouvoit refuser à ses charmes, & rappellant les services que son mari avoit rendus à la maison de Lancastre, elle en prit naturellement occasion de la combler de caresses.

Pendant ce tems-là le Comte de Varwick apprenoit du Messager de la Reine le besoin que sa Maitresse avoit de son secours. Il seroit parti sur le champ s'il n'avoit consulté que son amour & son courage; mais étant deja informé des avantages de la Reine, & jugeant que son dessein étoit de le venir surprendre à Londres, sa prudence lui fit penser qu'il avoit plus d'un interét précieux à défendre, & qu'il falloit trouver quelque moyen de les reunir. La vengeance de son

Pere, la garde du Roi, & la sûreté de sa Maitresse, étoient trois motifs dont le moindre auroit suffi pour lui faire tenter l'impossible; sans compter qu'à l'âge où le Comte de la Marche étoit encore, il se croyoit obligé de prendre sa défense, pour achever l'ouvrage de son pere & le sien. Les Troupes que le Duc d'Yorck lui avoit laissées pour la garde du Roi n'étoient point assez nombreuses pour le mettre en état de tenir la Campagne, mais il trouva le secret de les grossir tout d'un coup en y incorporant les Compagnies Bourgeoises de Londres; & n'ignorant point de quelles gens l'Armée de la Reine étoit composée, il se crut assez fort pour combattre une femme & des Soldats sans discipline. Il prit donc le chemin de saint Albans à la tête de huit mille hommes, dont il s'étoit fait une Armée en moins de vingt-quatre heures. N'ayant osé laisser le Roi derriere lui, il le força de le suivre; & sa marche fut si prompte, qu'en approchant du Camp de la Reine, il se flatta de la prendre au depourvû, comme elle avoit esperé de le surprendre à Londres.

Mais elle avoit deja reçu l'avis de son approche par son Messager, & la tranquilité qui paroissoit regner dans le Camp n'étoit qu'un stratagême qui trompa le Comte. Elle avoit donné ordre au Duc de Sommerset de s'embusquer avec une partie de ses Troupes, dans quelque lieu, d'où il pût le charger par derriere lorsqu'il le verroit engagé dans la Plaine; & celles qui étoient demeurées dans le Camp devant s'avancer aussi-tôt qu'il paroîtroit, elle étoit presque sûre que l'enveloppant ainsi de toutes parts, il n'échapperoit que ceux à qui elle jugeroit à propos de faire grace.

Elle ne cacha point à la fille du Chevalier Vvoodwille le danger qui menaçoit son Amant. Elle vouloit s'assurer par cette confidence du progrès qu'il avoit fait dans son cœur, & connoître quelle utilité elle pouvoit esperer d'elle, si le succès de ses armes ne repondoit point à ses esperances. Elizabeth ne se croyoit pour le Comte que les entimens d'estime, qui sont le tribut du merite, & ceux de la reconnoissance qu'elle croyoit devoir à ses services. Mais un avis si terrible lui fit decouvrir dans son propre cœur des impressions qu'elle y avoit ignorées. Malgré le soin avec lequel elle étoit observée par la Reine, elle trouva le moyen de faire avertir le Comte des principales circonstances du peril. Cet avis, qu'il reçut sur sa route, ne le deconcerta point. Il changea de dessein qu'il avoit de fondre sur le Camp en celui d'attaquer le Duc de Sommerset, dont il n'eut pas de peine à decouvrir l'embuscade ; & le chargeant avec son impetuosité ordinaire au moment qu'il s'y attendoit le moins, il l'auroit infailliblement mis en deroute, si la situation du lieu n'eut été favorable aux Troupes de la Reine. Mais tandis qu'elles en tiroient avantage pour se défendre, celles du Camp, qui eurent le tems de s'avancer, le mirent à son tour dans un desordre qui ne pût être reparé par l'habileté & la valeur. Il eut peine à se degager après avoir perdu trois mille hommes ; & se sauvant avec ceux qui purent le suivre, il abandonna le Roi, qui se retrouva ainsi libre au milieu des Vainqueurs. Les Bourgeois de saint Albans, irritez du dessein que l'Armée de la Reine avoit de les piller, firent quelques mouvemens pour secourir le Comte ; mais ils payerent cette hardiesse par la ruine de leur Ville.

Le Roi étoit accompagné, dans son Carosse, de Mylady Nevill, que le Comte de Vvarwick son frere avoit crue propre à lui adoucir la rigueur de son sort par les agremens de son entretien. Ainsi la même fortune, qui avoit fait remporter deux victoires à la Reine, lui livroit encore tout ce qui restoit de cher à son Ennemi depuis la malheureuse fin de son pere. Elle jugea que deux femmes qui avoient tant de pouvoir sur le cœur du Comte, lui serviroient tôt ou tard à le faire tomber dans le piége qu'il venoit d'eviter, & sans leur faire apprehender aucun mauvais traitement, elle donna ordre qu'elles fussent gardées

soigneusement

soigneusement. Elle n'ignoroit pas néanmoins qu'elles l'avoient trahie toutes deux, l'une en faveur du Duc d'Yorck, & l'autre par le service qu'elle venoit de rendre au Comte de Vvarwick; mais ce n'étoit point une vengeance subalterne qui étoit capable de flatter la Reine, ou du moins, dans une ame telle que la sienne, les petits ressentimens étoient aisément sacrifiés aux mouvemens d'une haine plus violente. Si elle fit couper la tête à quelques Seigneurs qui furent arrêtés dans leur fuite, ce fut moins pour les punir d'avoir pris les armes contr'elle, que pour ôter à son Ennemi ses plus braves défenseurs. Ainsi, en faisant exécuter le Lord *Bouville*, & le Chevalier *Kriel*, elle fit grace à plusieurs autres Prisonniers de Guerre, qu'elle méprisoit trop pour les craindre.

Cependant, le Comte de Vvarwick fut d'autant plus heureux dans sa retraite, que les deux détachemens qui l'avoient attendu sur le chemin du Païs de Galles ayant été battus par le Comte de la Marche,

Il ne trouva point d'obſtacle qui l'empéchât de ſe joindre à ce Prince. Leur rencontre ſembloit annoncer une nouvelle Bataille à la Reine, & perſonne ne s'attendoit qu'animez comme ils l'étoient tous deux par tant de pertes & d'outrages ils duſſent choiſir, pour ſe venger, la voye la plus incertaine & la plus lente. Ce fut néanmoins Vvarwick même, qui conſeilla au jeune Comte de negliger quelque tems la Reine & d'aller droit à Londres pour ſe faire couronner. Sa maxime avoit toujours été que le Duc d'Yorck ſe perdoit par ſes délais & ſes menagemens. Après avoir aſpiré ouvertement au Trône, il faloit tout oſer, diſoit-il, pour s'en aſſurer promptement la poſſeſſion; & les compoſitions auſquelles le Duc avoit conſenti avoient été comme autant de baſſes retractations qui lui avoient ravi le fruit d'une ſi noble entrepriſe. Peut-être ce conſeil venoit-il de la confuſion qu'il avoit de s'être laiſſé enlever le Roi. Il prevoyoit tout l'uſage que la Reine alloit faire du nom de ſon mari; & cherchant à repater sa faute, il s'imaginoit que le parti du Comte de la Marche agiroit avec plus d'audace en servant un chef qui seroit revêtu du même titre.

L'évenement fit connoître que c'étoit la meilleure idée qu'il pût inspirer au Comte. Ils se hâterent de gagner Londres. L'accueïl qu'ils y reçurent augmenta leur confiance. On y avoit appris les desordres que l'Armée de la Reine avoit commis dans toutes sortes de lieux, & l'exemple de Saint Albans avoit jetté tant de consternation parmi les Bourgeois, qu'ils ouvrirent leurs portes & leurs bras à ceux qu'ils crurent envoyés du Ciel pour les garantir des mêmes violences. Dès le lendemain, le Comte fit publier qu'il avoit des propositions importantes à communiquer à toute la Ville. Il marqua le lieu, qui étoit une Plaine voisine, où il rangea l'Armée du Comte de la Marche en bataille. Là, s'étant avancé seul, entre l'Armée & le Peuple, il demanda à haute voix si l'on souhaitoit pour Maître, Henri de Lancaftre. Comme il n'étoit pas difficile de deviner le sens de cette question, le Peuple & l'Armée répondirent unanimement : non, non. Il demanda ensuite si l'on ne reconnoissoit pas pour légitime héritier de la Couronne, Edouard IV. chef de la Maison d'Yorck, aussi digne du nom de Roi par ses vertus que par le droit de sa naissance. On répondit plusieurs fois oui, avec les plus vives acclamations. Le Comte de la Marche parut alors, & reçut les soumissions de l'Assemblée par des félicitations & des applaudissemens redoublés.

Il fut proclamé le jour suivant dans la Ville de Londres, avec toute la pompe que les malheurs de l'Etat permettoient, sans qu'il se trouvât un seul Partisan de la Maison de Lancastre qui osât lever la voix. Le Parlement, accoûtumé en Angleterre à se ranger du côté du plus fort, déclara que le Roi Henri ayant violé les conditions ausquelles on lui avoit laissé la Couronne, étoit dépouillé justement de tous les droits qui lui avoient été conservés pour le reste de sa vie.

Quelle fin des travaux de la Reine, & quel nouveau changement dans le sort de Henri, qu'elle croyoit ramener triomphant dans sa Capitale ! Elle apprit que c'étoit au Comte de Vvarwick qu'elle devoit attribuer tout son malheur. Dans la premiére chaleur de son ressentiment, elle laissa échapper un ordre sanglant contre sa sœur & sa Maitresse; mais l'ayant aussi-tôt rétracté, elle se fit amener ces deux Dames, les exhorta à se souvenir que leur vie étoit entre ses mains, & sans les informer de l'étrange révolution qui venoit de se faire à Londres, elle leur demanda laquelle des deux se sentoit disposée à rendre au Comte de Varwick un service qu'il ne pourroit payer de trop de reconnoissance. La défiance qu'elles eurent toutes deux de cette proposition dans la bouche d'un Ennemie declarée, les empêcha de répondre; mais reprenant avec une franchise capable de lever tous leurs doutes, elle leur déclara que dans la juste haine qu'elle portoit au Comte, elle étoit reſoluë de mettre ſa tête à prix ; qu'elle devoit ce châtiment à un Sujet rebelle, qui n'avoit pû être rappellé à ſes obligations par le tragique exemple de ſon pere : que le devoir des Rois neanmoins étant de n'employer les voyes extrêmes de la rigueur qu'après avoir épuiſé celles de la bonté, elle vouloit faire encore un eſſai de celles-ci, en propoſant au Comte d'abandonner les interêts de la Maiſon d'Yorck, & de reprendre tout l'attachement qu'il devoit à ſon Maître : qu'au milieu de ſa haine, elle rendoit juſtice aux grandes qualitez du Comte, & qu'elle ſentoit de quel avantage il étoit pour un Roi d'avoir de tels Sujets pour appui de leur Trône ; qu'elle lui laiſſeroit la liberté de faire ſes conditions ; & que ſi c'étoit l'ambition qui lui avoit fait oublier ſon devoir, elle mettroit pour fondement de leur reconciliation qu'il gouverneroit l'Etat après elle.

On ne s'attend point ici à voir ajoûter aux Hiſtoriens que ce diſcours étoit ſincere ; mais voici dans quel sens : La Reine, qui avoit été capable, dans plus d'une occasion d'avoir recours à l'artifice, ne l'étoit pas d'employer une noire trahison. Ainsi par le même principe qui lui avoit fait faire un genereux effort sur elle même pour retracter l'ordre qu'elle avoit donné contre la vie des deux Dames, elle étoit revenuë tout d'un coup à penser que dans l'extrêmité où elle voyoit sa fortune, trouvant Londres & le Parlement declarez contre le Roi son mari, & n'ayant plus d'autre ressource qu'une Armée dont elle avoit peine à reprimer la licence, il ne lui restoit peut-être rien de plus favorable à tenter que de gagner le Comte par des offres extraordinaires. Il connoissoit la fierté de celle qui prenoit le ton de suppliante. C'étoit un appas pour un cœur tel que le sien. C'en étoit encore un de trouver une assez haute opinion de sa generosité dans son Ennemie pour le croire capable de se laisser toucher par la confiance qu'elle marquoit à sa vertu. Enfin, l'alternative de vengeance & d'amité qu'elle proposoit étant un motif pressant pour les deux Dames, elle s'imagina que le cœur le plus endurci à la haine pouvoit être vaincu par les instances d'une sœur & d'une Maitresse. Mais en cédant à la nécessité qui la forçoit à cette composition, elle n'en étoit pas moins résolue de se défaire du Comte s'il rejettoit ses offres ; & la menace de mettre sa tête à prix n'étoit qu'un voile, pour déguiser le dessein où elle étoit de lui ôter la vie par une voie plus courte. Elle laissa donc aux deux Dames à décider pour laquelle il auroit le plus d'égard & de soumission, & la permission qu'elle offrit à l'une des deux fut de lui donner un rendez-vous dans le lieu qui leur paroîtroit le moins suspect.

La modestie ne permettant point à Elizabeth Voodwille d'accepter seule cette commission, quoiqu'il fut assez clair que les sollicitations de l'amour sont toujours les plus puissantes, ce fut un embarras pour la Reine, qui s'étoit proposé d'en garder une pour lui répondre de la fidélité de l'autre. Cependant, par le conseil de Sommerset & de Clifford elle passa sur cette difficulté. Mylady Nevill eut la liberté d'écrire au Comte. Elle lui proposa de se rendre à quatre mille de Londres, dans une Terre qui appartenoit à leur Maison, où elle devoit le joindre par l'ordre de la Reine avec Elizabeth Vvoodwille qui étoit chargée comme elle de lui faire des ouvertures importantes. Elle lui marquoit que la Reine, la faisant escorter de cinquante hommes, il ne devoit point être accompagné d'une suite plus nombreuse.

Le voisinage de la Ville sembloit propre à bannir toute défiance, & l'amour soutenu par la valeur ne connoît aucun danger. Cette partie ne parut au Comte qu'une avanture de galanterie. La seule précaution qu'il observa, fut de se faire précéder d'une partie de ses gens en approchant du rendez-vous, & s'étant assuré par leur rapport, que les Dames y étoient déja avec leur escorte, il s'avança d'un air intrepide. Leur conference dura peu. Ayant rejetté dès le premier mot toutes les propositions qui pouvoient blesser sa gloire, il fut bien plus curieux d'apprendre ce qui retenoit les deux Dames au Camp de la Reine, & sçachant d'elles-mêmes, qu'elles y avoient été gardées fort étroitement, il leur proposa à son tour de profiter d'une si belle occasion pour le suivre. S'il prévoyoit quelque resistance de la part de leur escorte, il se flattoit qu'à nombre égal sa valeur mettroit l'avantage de son côté. Mais il ne se défioit pas d'être écouté par Clifford, qui avoit promis à la Reine de le tuer aussi-tôt qu'il le verroit, obstiné à rejetter ses propositions. Ce Seigneur, dont la main étoit accoutumée à ces actions barbares, s'étoit déguisé en femme avec deux des Officiers qui avoient perdu leur pere à Calais. Ils s'étoient rendus au Château du Comte deux heures avant les Dames, sous prétexte d'être des femmes de leur suite, & s'étant approchez du lieu de leur conference sans avoir fait naître le moindre soupçon à l'escorte du Comte qui faisoit la garde à la porte, ils s'étoient postez assez avantageusement pour l'écouter & pour le surprendre. Cependant, ils ne purent entrer dans la chambre où il étoit, sans se trahir par l'ardeur de leur mouvement Il eut le tems de se mettre en défense. Armé comme il étoit de toutes pieces, son bonheur le garantit des premiers coups, tandis que les cris des deux Dames appellerent ses gens à son secours.

Il ne lui auroit pas été moins difficle de sauver sa vie, par l'impuissance où ils étoient de le secourir. L'escorte des Dames avoit ordre d'attaquer l'autre au moindre signe, avec tout l'avantage que donne un dessein formé sur des gens qu'on prend au dépourvu. Ainsi, pendant que le carnage commençoit au dehors, le Comte eut à soutenir les efforts de trois hommes conjurez pour sa perte. Mais Elizabeth Vvoodwille, dont le caractere répondoit aux grandes avantures qui devoient un jour l'élever sur le Trône d'Angleterre, se sentit animée de tant de courage, qu'elle se saisit de Clifford avec une vigueur qui le rendit comme immobile. Mylady Nevill aidant aussi à causer du moins quelque embarras aux deux autres, le Comte tua l'un, d'un coup d'épée, & se dégagea assez heureusement du second pour s'échapper par la porte. Sa presence fut comme le signe de la victoire pour ses gens. Il acheva avec eux de tailler en pieces ceux qui oserent encore soutenir ses reproches & ses coups. Enfin, les ayant tuez jusqu'au dernier, il rejoignit les Dames avec autant de tranquillité que si leur conversation n'eût point été interrompue. De tant de malheureux qui avoient compté sur une victoire certaine, Cliford & celui qui étoit resté avec lui, furent les seuls qui se sauverent à la faveur d'un bois voisin du Château.

La fidélité que la Reine avoit eue, de ne pas donner aux Dames une escorte superieure à celle du Comte, fit paroître cet attentat moins odieux, & la trahison de Clifford ne fut honteuse que pour lui. Mais le Comte n'en fut pas moins indigné contre la source d'un outrage si ſanglant, & dans l'ardeur de la vengeance, à peine ſe donna-t'il le tems de conduire lui-même les deux Dames à Londres. Il enflamma par ſes exhortations le Roi Edoüard, & raſſemblant tout ce qu'il put trouver de volontaires dans la Bourgeoiſie de Londres & dans les Villes voiſines, il les joignit aux Troupes de ce Prince, qui composerent ainſi une Armée formidable. Ce fut dans cet intervalle que Vauclerc, qu'il avoit laiſſé à Calais pour y commander pendant ſon abſence, lui amena deux mille hommes, reſte des anciennes Guerres de France à qui ce brave Officier avoit accordé un azile, lorſqu'ayant été congediées ils cherchoient un Maitre qui voulut payer leurs ſervices. Il les avoit choiſis avec tant de ſoin, qu'il ſe faiſoit gloire d'être à la tête d'un Corps ſi bien éprouvé ; & ſur la nouvelle qu'il avoit eue de la défaite du Comte à Saint Albans, il venoit lui offrir ce zéle & ce courage, dont il lui donna dans la ſuite tant de marques éclatantes. Mais ce que Vvarwick gagnoit par l'arrivée d'un ſi galant homme ne compenſoit pas dans ſon eſtime la perte qu'il fit d'un autre bien, ſans en avoir eu la moindre défiance, & ſans en avoir encore le moindre preſſentiment. On avoit appris avec quelle reſolution Elizabeth Vvoodwille l'avoit ſauvé des mains de Clifford, & ceux à qui une action ſi extraordinaire avoit inſpiré la curioſité de la voir, avoient encore plus admiré ſes charmes, qu'ils n'avoient été ſurpris de ſon courage. Edoüard ne s'étoit pas mieux défendu que mille autres, contre la beauté de cette Heroïne. Je ne fais qu'obſerver l'origine d'une paſſion qui couta au Comte de Vvarwick ſa fortune & ſa vie, après avoir fait ſon ennemi mortel d'un Prince ingrat qui lui devoit ſa gloire & ſa Couronne.

Ils ſe hâterent tous deux de partir, avec l'eſperance que donne la valeur & la ſuperiorité du nombre ſur des Ennemis qu'on déteſte & qu'on mépriſe. Mais la Reine, qui étoit informée de leurs forces, n'avoit pas jugé à propos de riſquer une Bataille ſans avoir augmenté les siennes. Si jamais elle avoit été sensible à quelque disgrace, c'étoit à l'humiliation que lui avoit causée le triomphe du Comte de Warwick, & la délivrance de ses deux Captives. Elle étoit partie presqu'aussi-tôt avec son mari, pour aller cacher sa douleur & sa confusion dans les Provinces du Nord, où la Maison de Lancastre avoit toujours eu beaucoup de Partisans. Elle les trouva si peu refroidis, qu'ils s'empresserent de fortifier son Armée par des recruës considerables, & par des corps entiers de nouvelles Troupes. Leur diligence ayant égalé leur zéle, elle se vit dans peu de jours à la tête de soixante mille hommes.

Edoüard, qui redevenoit le plus foible quoiqu'il fût parti de Londres avec quarante mille hommes, n'en perdit pas un moment, le desir d'avancer, ni l'esperance de vaincre. Il prit sa marche vers Yorck, où il apprit qu'Henri & la Reine s'étoient rendus. Etant arrivé à Pontefract, la vûë d'un lieu où le plus ardent de ses défenseurs avoit perdu la vie par la main d'un Bourreau, reveilla tout son courage avec ses ressentimens. Mais quels furent les mouvemens du Comte de Vvarwick en visitant une Place qui lui parut teinte encore du sang de son pere ! Ils avoient à passer le Pont de *Ferrebrigde* pour joindre l'Ennemi qui étoit campé à quelque distance de la Riviere d'Aire. Le Lord *Fritzvvater*, eut ordre de s'emparer du Pont avec un détachement assez considerable ; mais il y trouva le furieux Clifford, qui tailla en pieces une partie de ses gens, & qui le tua lui-même, avec le Bâtard de Salisbury. Nouvel éguillon pour l'animosité du Comte de Vvarwick. Il accourut vers Edoüard, & mettant pied à terre, il tua son cheval en sa presence : " Sire, lui dit-il, ,, l'Ennemi est maître du Pont. Mais ,, fuye qui voudra. Pour moi, je jure ,, par ce *bon signe* (en faisant ce serment il baisa la croix de son épée) ,, de demeurer seul ici avec Vauclerc, ,, & de combattre jusqu'au dernier ,, soupir. ,, Et sur le champ il engagea ce Prince à faire publier dans l'Armée, qu'il accordoit la liberté de se retirer à ceux qui craignoient l'Ennemi, & qu'il recompenseroit ceux qui feroient leur devoir, mais qu'il n'y avoit point de pardon à esperer pour ceux qui prendroient la fuite. Ensuite détachant Falcombridge son oncle pour aller passer la Riviere trois mille au dessus du Pont, il lui donna ordre de revenir au long du bord, & d'attaquer Clifford qui le gardoit de ce côté-là. Cette expedition fut conduite avec autant de secret que de diligence. Clifford surpris par Falcombridge, ne pensa qu'à se défendre contre une attaque si imprévûe. Il abandonna le Pont, que le Comte se hâta de passer, à la tête d'une partie des Veterans de Vau clerc. Il cherchoit Clifford. Il le joignit; & l'ayant d'abord blessé d'un coup de fléche, il l'acheva du tranchant de son épée, dont il lui fendit la moitié du corps; châtiment trop leger pour un traitre & un barbare.

La Reine qui s'étoit retirée à Yorck avec son mari, ne s'effraya point d'une perte si legere. Elle donna le commandement de son Armée au

Duc de Sommerset, & ne voyant de ressource pour elle que dans la victoire, elle lui declara qu'il falloit vaincre ou perir. Les deux Armées se rencontrerent le Dimanche des Rameaux dans la Plaine de Tawnton, où elles se rangerent en Bataille. Il ne s'en étoit pas vû depuis long-tems de si puissantes en Angleterre, & j'ai fait remarquer que celle de la Reine surpassoit l'autre d'un tiers. Mais il arriva malheureusement pour les Lancastriens, que l'air s'étant obscurci par la neige, qui tomba tout à coup en abondance, le vent la leur portoit au visage. Falcombridge, qui commandoit l'avant-garde d'Edouard prit ce moment pour faire quitter l'arc à sa Troupe; & lui ordonnant de fondre sur l'Ennemi à grands coups d'épée, il commença un combat qui fut dès le premier instant un affreux carnage; & qui dura depuis le matin jusqu'au soir avec cette fureur & cette obstination. Les Historiens n'en ont donné qu'une idée fort confuse, mais ils s'accordent tous à le faire regarder comme un des plus terribles châtimens que le Ciel ait jamais exercès contre l'Angleterre. Les Lancastriens commencerent vers le soir à ceder le terrain. Ce ne fut pas neamoins en fuyant. Ils se battoient en retraite, & faisoient ferme de tems en tems, avec une vigueur qui rendoit encore la victoire incertaine. Cependant le Comte de Vvarwick ayant animé ses gens par des exemples prodigieux de valeur, ils presserent tellement leurs Ennemis qu'ils leur firent enfin tourner le dos. Et ce fut alors que le massacre devint epouvantable. Les fuyards prirent d'abord vers le Pont de Tadcaster, mais se trouvant pressés par des Vainqueurs cruels, qui avoient ordre de ne faire quartier à personne, ils voulurent se detourner pour passer le Ruisseau de *Corke*, qui se jette dans la Riviere de *VVarf*; ils se precipiterent avec tant de desordre, que le Ruisseau se trouva aussi-tôt rempli de ceux qui s'étoient noyez, & qui dans leur malheur servirent de Pont aux Compagnons de leur fuite. On rapporte que le carnage fut si grand dans cet endroit, que les eaux de la Riviere de Vvarf parurent teintes de ſang pendant pluſieurs jours ; & ce recit n'eſt point incroyable , puiſque les Hiſtoriens aſſurent que le nombre des morts fut d'environ quarante milles hommes.

Edouard prit le chemin d'Yorck après ſa victoire , dans l'eſperance de ſe ſaiſir du Roi & de la Reine ; mais il y apprit qu'à la nouvelle de leur défaite, ils étoient partis avec la derniere precipitation pour ſe retirer en Ecoſſe. Son premier ſoin fut de faire ôter de deſſus les murs la tête du Duc ſon pere , & celle du Comte de Saliſbury , en regrettant de ne pouvoir mettre à leur place celles de Henri & de Marguerite. Il y fit apporter celles du Comte de Devonshire & du Lord Clifford , auſquelles il en joignit un grand nombre de moins celebres.

La perte de cette fameuſe Bataille fut un malheur irreparable pour la Maiſon de Lancaſtre. Edouard ne trouva plus d'Ennemi à combattre, & jugeant par l'abattement des vaincus qu'il ne lui en reſtoit plus à craindre, il reprit le chemin de Londres, où il eut la ſatisfaction de voir arriver presqu'aussi tôt plusieurs Seigneurs, qui vinrent implorer sa clemence. On assure que ce fut la honte d'avoir repondu si mal à l'attente de la Reine, qui les empêcha de la suivre, & qui leur fit abandonner un parti auquel leur inclination les attachoit autant que les anciens engagemens de leur famille. Aussi parut-il bien tôt que leur cœur n'avoit point de part à cette infidelité. Après quelques éxécutions sanglantes qui parurent necessaires au nouveau Roi pour assurer son trône, il assembla un Parlement, auquel il n'eut pas de peine à faire approuver tout ce qui s'étoit fait jusqu'alors en sa faveur. Il étoit victorieux L'avantage des armes a toûjours été le meilleur titre en Angleterre pour decider des pretentions à la Couronne. Les Parlemens n'ont jamais entrepris de s'éloigner du principe salutaire, qu'il faut se declarer pour le plus fort. Suivant cette maxime, la nouvelle assemblée approuva le couronnement d'Edouard, qui fut celebré avec beaucoup de pompe. Elle confirma ses droits, & cassa tous les Actes qui s'étoient faits sous le dernier regne contre la Maison d'Yorck. Henri VI. après un regne de trente huit ans, fut regardé comme un usurpateur. C'est ainsi, pour me servir des termes d'un celebre Historien, qu'on se jouoit de la credulité du Peuple, & qu'on lui faisoit croire que tout ce qui avoit été juste pendant soixante ans, étoit devenu injuste par une victoire dont le nouveau Roi n'étoit redevable qu'à sa fortune.

Il ne restoit dans tout le Royaume que la Ville de Berwick qui fut demeurée fidelle à la Maison de Lancastre, & la necessité de plaire au Roi d'Ecosse, à qui le Roi & la Reine fugitifs avoient demandé un azile, les força bien-tôt de l'abandonner aux Ecossois. Ce fut à ce prix que Marguerite obtint la permission de cacher pendant quelque tems sa douleur dans un Château d'Ecosse, où elle demanda la liberté de se retirer. Les Ducs de Sommerset & d'Excester qui avoient eu le bonheur de se sauver après la Bataille, composoient toute sa suite.

Dans l'incertitude des resolutions qu'elle avoit à prendre, elle refusa des honneurs qui l'auroient génée, & ce ne fut qu'après avoir pris le parti d'aller demander dans les Cours Etrangeres des secours qui lui furent refusez en Ecosse, qu'elle accepta pour le Roi son époux & pour le Prince Edouard leur fils, une garde de cent Cavaliers pendant son absence.

Mais tandis qu'elle s'abandonnoit amerement à ses reflexions, & que dans le besoin où elle étoit d'argent elle, se voyoit obligée de rejetter toutes les voyes qui demandoient cette sorte de secours, il lui vint dans sa solitude un Negociant François, qui s'étoit établi en Ecosse où il avoit amassé des richesses considerables par le Commerce qu'il entretenoit avec les Pays-Bas. Après lui avoir exprimé la compassion qu'il ressentoit de ses malheurs, il la fit souvenir d'un bon office qu'elle lui avoit rendu dans sa jeunesse à la Cour de Nanci, & lui expliquant dequoi sa situation le rendoit capable pour lui marquer sa reconnoissance, il lui offrit tout ce qu'elle croiroit propre à l'aider dans son infortune. Elle regarda cette offre comme une faveur du Ciel. Un Vaisseau & de l'argent étoient les seuls biens qu'elle desiroit. Les ayant obtenus du Negociant, elle ne s'arrêta quelques jours de plus en Ecosse que pour liér le jeune Roi Jacques & ses Ministres par toutes les promesses qui pouvoient la rendre tranquille sur le sort de son mari & de son fils.

Elle laissa le Duc d'Excester auprès de ces deux Princes, pour veiller continuellement à leur sûreté ; & s'étant embarquée à Dumbar, avec le Duc de Sommerset, elle alla descendre dans un Port de Flandres, d'où elle envoya Sommerset à la Cour du Duc de Bourgogne pour solliciter son assistance, tandis qu'elle se rendit à Paris pour implorer elle-même le secours de Louis XI. Ce P ince avoit tant d'occupations du côté de la Bretagne, qu'elle le trouva peu disposé à se faire une querelle avec l'Angleterre. Mais il ne put refuser son amitié & ses bienfaits à une Reine malheureuse qui lui appartenoit de fort
près

près par le sang. Il la combla de caresses, & s'il ne lui accorda point des sommes considerables ni des Troupes reglées, il lui permit d'engager à son service tous ceux qu'elle trouveroit disposez à prendre volontairement ses interêts. A l'âge où elle étoit encore, elle auroit trouvé autant de Champions qu'il y avoit de jeunes Seigneurs à la Cour; & ce charme qu'elle avoit pour gagner les cœurs, quand sa fierté lui permettoit de l'employer, auroit eu plus d'effet que le consentement du Roi pour lui faire lever une Armée; mais après avoir commencé fort heureusement, une foiblesse dont ni le poids de l'adversité, ni la force de l'ambition ne purent la défendre, ruina ses plus belles esperances.

Entre la jeune Noblesse qui s'empressa autour d'elle, elle fut frappée de la bonne mine du Seigneur *de la Varenne*, Grand Senêchal de Normandie. Ce gentilhomme joignoit à beaucoup d'esprit & d'élevation de sentimens, un tour d'imagination qui n'étoit pas rare d s ce siecle à la Cour de France, mais qui ne manquoit pas d'être toûjours plus vif & plus agissant dans les caractéres aussi distinguez que le sien. Il se piquoit de galanterie, dans tous les sens qu'on attachoit alors à cette idée ; c'est-à-dire, que mettant sa gloire à soutenir l'honneur & les interêts des Dames, il cherchoit toutes les occasions de meriter le titre qu'il prenoit de leur Chevalier. Celle de secourir une Reine aussi celebre par son courage que par sa beauté, lui parut faite pour exercer tout ce qu'il y avoit de romanesque dans ses idées. Il lui offrit son bien, qui étoit considerable, & son épée, qu'il avoit deja signalée effectivement par des exploits dont on trouve les traces dans nos Histoires. Soit que la Reine eût pris assez bonne opinion de lui pour esperer beaucoup de ses promesses, soit que n'ayant point le cœur insensible, elle se fût laissée attendrir par ses soins, elle lui marqua bien-tôt des préferences qui éloignerent d'elle ceux qui s'en étoient approchez avec les mêmes desirs.

Sa politique parut l'abandonner. Loin de reconnoître le tort qu'elle se faisoit en negligeant les offres d'une si belle Jeunesse, il sembla qu'elle eût borné toutes ses vûës à la conquête du Senêchal, & que cinq cens hommes qu'il lui promit d'assembler sous ses ordres remplissent toutes les esperances qui lui avoient fait quitter l'Ecosse. Quelques Historiens la justifient par la crainte qu'elle eut de se precipiter dans de nouveaux embarras, en s'associant tant de jeunes gens qu'elle auroit eu peine à contenir, & dont l'obéïssance auroit été douteuse pour le Chef qu'elle auroit mis à leur tête; au lieu que dans la pensée où elle étoit qu'elle n'avoit besoin que d'un petit nombre de gens resolus pour faciliter sa descente dans le Nord d'Angleterre, où elle se promettoit que sa seule presence ranimeroit tous ses Partisans, elle trouvoit dans la Varenne & dans sa Troupe, tout ce qu'elle croyoit necessaire à son expedition.

Quelque jugement qu'on en veüille porter, elle se remit en mer avec lui, ſur la promeſſe vague d'un ſecours plus puiſſant, que le Roi lui fit attendre auſſi-tôt qu'elle auroit fait declarer pour elle quelques Provinces d'Angleterre. Edoüard l'ayant fait obſerver inutilement à ſon paſſage, elle a'la tenter ſa deſcente à *Tinmouth*. Mais elle y trouva un Corps de Troupes, qui la força de remettre à la voile. Une furieuſe tempête, dont ſes Vaiſſeaux eurent beaucoup à ſouffrir, la faiſoit penſer à regagner la côte de France, lorſque le vent, qui changea tout d'un coup, la conduiſit ſans le ſecours des Matelots dans l'embouchure de la Twede, d'où elle ſe rendit facilement à Berwick. Le Senêchal s'y retrancha par ſon ordre, en attendant qu'elle eût fait repandre le bruit de ſon arrivée dans les Provinces voiſines. Mais l'ardeur des Habitans ne repondit point à ſon attente; & ſur la nouvelle qu'elle reçut bien-tôt que le Chevalier Ogle venoit attaquer le Camp du Senéchal avec quatre mille hommes, elle gagna la Frontiere d'Ecoſſe, où elle ſe flatta que les Ecoſſois ne la laisseroient point opprimer.

Si les Historiens n'ont laissé aucun détail des galanteries de Marguerite, on trouve par intervalles assez de preuves que les imputations de ses Ennemis n'ont pas toujours été sans fondement. Ceux qui l'ont accusée d'avoir aimé successivement les deux Sommersets, n'auroient pas été trop aveuglez par la haine, si ce reproche avoit été aussi juste pour le pere qu'il paroît l'être à l'égard du fils. La Reine l'avoit laissé en Flandres, où plus actif & plus heureux qu'elle, parce qu'il brûloit du desir de la servir, il avoit obtenu du Duc de Bourgogne la permission de lever quelques Troupes, avec lesquelles il étoit repassé sur le champ en Angleterre. Ayant choisi si habilement le lieu de sa descente, qu'il étoit entré sans opposition dans le Northumberland, il y auroit preparé à la Reine plus de facilité qu'elle n'en avoit trouvée sur la côte, s'il n'eût été forcé par des évenemens imprevus de se renfermer dans Bamburgh. Il s'y deffendoit vaillament, lorsqu'il apprit non-seulement que la Reine étoit entrée dans la Twede mais qu'elle étoit accompagnée d'un Chevalier François qui avoit acquis toute sa confiance, & qui ne gouvernoit pas moins son cœur que ses affaires & ses Troupes. Il fut indigné que deux mois d'absence eussent fait oublier son attachement & ses services. La jalousie eut part sans doute à ce ressentiment, & quelque idée qu'on doive prendre de la nature de son zéle, il ne peut souffrir qu'un Etranger vint emporter des préférences qu'il croyoit avoir meritées. Il étoit assiegé par le Chevalier Nevill, qui venoit d'être créé Marquis de Montaigu. Cette famille étoit si puissante à la Cour de Londres, qu'il ne pouvoit choisir une médiation plus certaine pour faire sa paix avec Edoüard. Le Marquis flatté d'une conquête si éclatante, obtint pour lui la restitution de tous ses honneurs & de tous ses biens, avec une pension annuelle de mille marcs.

Mais par une inconstance qui ne peut être attribuée qu'à l'amour, à peine fût-il à Londres qu'il se reprocha d'en avoir crû trop aisément des bruits qu'il ne s'étoit pas donné le tems d'approfondir. Il écrivit à la Reine pour lui reprocher son ingratitude, ou plutôt pour s'en éclaircir. Elle s'étoit avancée jusqu'à Edimbourg, avec le Senêchal, qui avoit laissé ses gens sur la Frontiere. La protection de la France, dont elle fit valoir les témoignages dans le secours qu'elle avoit obtenu, determina le Roi d'Ecosse à lui accorder la permission de lever quelques Troupes dans ses Etats. Henri, qui commençoit à sentir le prix d'une Couronne depuis qu'il avoit perdu la sienne, s'employa lui-même à former une Armée, & son parti reveillé dans le Nord d'Angleterre par les préparatifs qui se faisoient en sa faveur, paroissoit disposé à faire quelque nouveau mouvement pour le seconder.

La reponse de la Reine à Sommerset ne contenoit que des plaintes de sa trahison; mais se trouvant trop heureux d'être regretté, il ne pensa qu'à reparer par un nouveau sacrifice de sa fortune le tort qu'il s'étoit fait dans son esprit. En quittant la Cour d'Edoüard, il engagea dans la même resolution Raoul Percy, frere du Comte de Northumberland, qui s'étoit soumis à Edoüard après la Bataille de Tanwton. S'ils n'oserent entreprendre de lever des Troupes, ils porterent à la Reine une somme considerable que leur credit leur fit trouver à Londres. Ils la joignirent dans le Northumberland, où elle s'étoit deja renduë avec son Armée. L'impatience que Sommerset eut de la revoir lui sauva la vie dans une rencontre, où le petit nombre de gens qui l'accompagnoit fut taillé en pieces par le Marquis de Montaigu. Il s'étoit avancé en laissant Percy à la tête de quelques Compagnies qu'il avoit ramassées dans sa route. Montaigu, qui commandoit dans le Nord, arrivoit dans le même tems, avec toutes les Troupes qu'il avoit pû rassembler, & fondant sur Percy, qu'il trouva sans l'avoir cherché, il lui fit mordre la poussiere avec tous ses gens.

Mais la double inconstance du Duc de Sommerset ne demeura pas

beaucoup

beaucoup plus long-tems ſans punition. Il trouva la Reine en marche. Avec quelques marques de joie & d'affection qu'elle parut le recevoir, il s'apperçut bien-tôt qu'il ne s'étoit pas trompé dans ſes premiers ſoupçons, & que toute la faveur étoit pour le Senechal. Le court eſpace qu'il paſſa près d'elle fut employé en plaintes & en explications, qui ne produiſirent point de reconciliation plus ſincere. On étoit arrivé à Exham, & la Reine ayant pris la reſolution d'y camper, pour raſſembler les ſecours qui lui arrivoient ſans ceſſe, l'Armée travailloit à ſe fortifier par divers retranchemens; lorſque Montaigu animé par l'avantage qu'il venoit de remporter, eut la hardieſſe d'attaquer Henri dans ſes Lignes. Il le preſſa ſi vivement que ne lui ayant point laiſſé le tems de ſe reconnoître, il lui tua la meilleure partie de ſes gens, & mit le reſte en fuite. Henri & Marguerite ſe ſauverent par des routes differentes, qui conduiſirent l'un en Ecoſſe, & l'autre dans les plus étranges extrémitez, où la fortune ait jamais fait tomber une Reine. Le Duc de Sommerset eut le malheur d'être fait prisonnier. On ne le fit pas languir. Montaigu irrité qu'il lui eût manqué de parole, lui fit trancher la tête à Exham.

La Reine qui n'avoit pas eu le tems, dans son trouble, de prendre une voiture ni de se faire accompagner, s'étoit hâtée de gagner à pied une Forêt voisine, avec le jeune Edouard son fils, qu'elle conduisoit par la main. N'ayant osé sortir de cet azile jusqu'au soir, elle y fut surprise par la nuit. Loin de s'affliger de cette avanture, elle pénétra dans l'épaisseur des arbres, & s'y livrant à toute l'amertume de ses réfléxions, elle remercia le Ciel de lui accorder une retraite où les Ennemis qu'elle avoit à craindre lui paroissoient bien moins redoutables que les hommes. J'aurois peine à m'arrêter au détail de cette avanture, si les meilleurs Historiens d'Angleterre n'en avoient pas rapporté toutes les circonstances, & si nôtre *Monstrelet* même n'en racontoit les principales, sans y joindre aucune marque de doute. Rapin en parle avec peu d'étendue ; mais il la suppose néanmoins comme un fait attesté par d'autres Historiens, & s'il l'a touché si légérement, on sent qu'une Histoire générale admet moins les détails de cette nature que l'Histoire d'une vie particuliere. Il faut considérer d'ailleurs que ce qui m'a fait regarder la vie de Marguerite d'Anjou comme une partie des plus curieuses & des plus interessantes de l'Histoire d'Angleterre, est la singularité même des avantures de cette Reine, & la multitude des faits ou tristes, ou tendres, ou terribles, que la fortune a pris comme plaisir à rassembler dans le regne de Henri.

Au milieu des plus tristes réfléxions, il s'en présenta une à la Reine dont son imagination fut d'autant plus flattée, que l'année étant alors dans sa plus belle saison, elle ne trouvoit dans la douceur de l'air, & dans la verdure du feuillage, que des raisons de se familiariser tout d'un coup avec la solitude, & de goûter tous les objets qui étoient autour d'elle. Il lui tomba dans l'esprit que la vie du Prince ſon fils étant le fondement de toutes ſes eſperances, il n'y avoit point de lieu où elle put la dérober plus ſurement à la haine de ſes Ennemis, que dans une Forêt deſerte, où l'on ne pouvoit ſoupçonner qu'elle fût entrée avec lui, & où elle n'avoit pas même apperçû de routes qui puſſent lui faire craindre les rencontres du hazard. Que n'avoit-elle pas à redouter ſi elle s'expoſoit le lendemain à celle du Vainqueur, & de quel côté devoit-elle tourner pour rejoindre ſon mari? La crainte de manquer de nourriture pouvoit-elle l'inquieter, & falloit-il d'autre ſoutien à la nature que celui dont les animaux tiroient leur ſanté & leurs forces? Elle ſe confirma ſi bien dans ces idées par les meditations d'une nuit entieré, qu'elle ſe trouva déterminée le lendemain à paſſer du moins quelque tems dans la Forêt d'Exham, juſqu'à ce que les mouvemens de la guerre fuſſent appaiſez dans les lieux voiſins; ou, ſi le Ciel ne lui offroit pas quelque moyen de regagner l'Ecoſſe, juſqu'à ce que son fils, qui n'avoit encore que huit ans, fût en état d'entreprendre une marche penible, & de traverser le Northumberland pour se rendre à Berwick.

Mais lorsqu'elle cherchoit quelque endroit commode pour s'en faire un abri contre les injures de l'air, elle decouvrit plusieurs personnes qui étoient couchez tranquillement sur l'herbe, & qui paroissoient avoir passé la nuit dans le même lieu. Sa frayeur augmenta beaucoup en remarquant qu'ils avoient entendu le bruit de sa marche, & qu'ils jettoient les yeux de tous côtez avec beaucoup d'ardeur. Toute son adresse ne put empêcher qu'elle n'en fut apperçûë. Ils accoururent à elle. La vûë d'une femme qui étoit couverte d'habits fort riches, & celle d'un enfant qui portoit mille marques d'une condition superieure, parut leur inspirer d'abord quelque respect; mais leur profession étant de voler sur les chemins & dans les bois, la facilité de s'emparer d'une si belle proye, chassa bien-tôt les sentimens qui les avoit arrêtés. Ils se jetterent sur la Reine, qu'ils dépouillerent de ce qu'elle avoit de plus brillant, & le jeune Prince ne fut pas traité avec moins de barbarie. On s'imagine aisément que dans les agitations continuelles où Marguerite avoit vécu, elle étoit ornée de mille joyaux précieux, qui étoient comme les restes de sa grandeur; aussi prétend-on que sa dépouille dût suffire pour enrichir cette troupe de Brigands. Mais ils furent si enyvrés de leur bonheur, que ne pouvant s'accorder dans le partage, ils prirent querelle avec une fureur & un aveuglement qui répondoient à leur caractére. La Reine, qui ne demandoit au Ciel que la vie de son fils, saisit ce moment pour s'échapper avec lui, & s'enfonçant dans la partie la plus épaisse de la Forêt, elle ne cessa point de marcher, aussi long-tems que le jeune Prince en eut la force. Mais le voyant prêt à tomber de foiblesse, elle le prit entre ses bras, & elle continua sa marche avec une vigueur & une résolution incroyable. Elle se croyoit délivrée de la plus effrayante partie du péril, lorsqu'elle rencontra un autre Voleur, qui étoit de la bande des premiers, & qui alloit les rejoindre, après avoir achevé apparemment quelque crime dont il brûloit de leur rendre compte. Il s'approcha d'elle, l'épée haute; mais ce qui devoit la faire mourir d'effroi, servit au contraire à lui faire rappeller tous ses esprits. Elle prit l'air & le ton de majesté, qu'une si longue habitude du Trône lui avoit rendu comme naturel, & le faisant même éclater avec plus de force dans une extrémité si pressante, elle présenta le Prince de Galles au Voleur : *Mon Ami, lui dit-elle, sauve le fils de ton Roi.*

Le nom de Roi pénétra ce Misérable d'un si vif sentiment de respect & de frayeur, qu'il laissa tomber son épée aux pieds du Prince, & ne pensant qu'à lui rendre ses services, il offrit à la Reine tout ce qu'elle le croiroit capable d'entreprendre pour la sauver elle & son fils. Elle lui proposa de se charger du jeune Prince, qu'elle n'avoit plus la force de soutenir. Il le prit entre ses bras, tandis que se saisissant de son épée, elle se mettoit en état de lui faire la loi, s'il eût été capable de retracter ses offres. Mais son zéle fut si constant, que sur la relation qu'elle lui fit de la barbarie de ses Compagnons, il voulut lui persuader de retourner à eux, en l'assurant qu'il trouveroit le moyen de leur faire restituer ce qu'ils lui avoient enlevé. La Reine ne regardoit plus ses joyaux comme une perte. Elle éprouvoit que rien ne donne tant de force que l'adversité aux sentimens de la nature, & son fils lui tenoit lieu de tout. La seule priere qu'elle fit au Voleur, fut de la conduire dans un lieu assez sûr pour y prendre le tems de s'informer sans peril, du sort de Henri & de son Armée. Il avoit sa maison & sa femme dans un Village voisin. Dans l'état où il trouvoit le Prince & sa mere, presque nuds, défigurez par la fatigue & par la crainte, il leur demanda s'ils croyoient risquer d'être reconnus en se retirant dans cet azyle. La necessité les força d'accepter ses offres.

Ils y demeurerent deux jours, tandis que le Voleur même, qui étoit devenu leur confident & leur défenseur, prenoit des informations sur les suites de la Bataille. Mais le troisieme jour au matin, leur Hôtesse, à qui son mari avoit recommandé de les garder soigneusement, sans lui avoir confié neanmoins un secret dont il étoit comme jaloux, vint les avertir qu'on avoit vû dans le Village quelques gens armez, qui demandoient avec inquietude si l'on n'avoit point entendu parler de la Reine & du Prince de Galles. Quoique cette demande eût quelque chose d'indiscret, Marguerite se figura que ce ne pouvoit être que des gens de son mari. Elle sortit dans cette confiance, avec des habits empruntez de son Hôtesse, & sa curiosité ne l'exposant à rien sous ce deguisement, elle reconnut le Senêchal de Normandie, accompagné de son Ecuyer, & d'un Gentilhomme Anglois, qu'il avoit prié de lui servir d'interprête & de guide.

La Varenne avoit été moins indifferent que le Roi pour le sort de la la Reine & du Prince. Après s'être distingué glorieusement dans la mêlée, il s'étoit vû forcé de céder au torrent, & de mettre sa liberté à couvert par la fuite; mais il avoit rallié ses gens sous son Etendart, & ne voyant aucun moyen de tenir la Campagne avec une Troupe si foible, il les avoit envoyés sous la conduite de *Barville*, son Lieutenant, dans une petite Ville nommée *Alnevvick*, dont l'Armée de la Reine s'étoit emparée en venant d'Ecosse. Pour lui, qui avoit déja sçu de quelques Anglois que Marguerite avoit disparu avec son fils, & qu'on les avoit vûs tourner vers la Forêt d'Exham, il ne douta point qu'ils n'y eussent cherché une retraite. S'étant confirmé dans cette pensée, en apprenant que Henri avoit pris vers l'Ecosse, & qu'entre les Prisonniers de Montaigu on ne nommoit ni la Reine, ni le Prince, il avoit pris le parti de les chercher, avec la précaution de ne se faire accompagner que de deux personnes, pour ne pas s'exposer aux observations des Vainqueurs.

C'étoit un ſecours, dans l'extrémité où la Reine étoit réduite, mais un ſecours ſi foible, que s'il pouvoit ſervir à ſa conſolation, il étoit peu capable de contribuer à ſa ſûreté. En examinant même quelles facilités elle en pouvoit tirer pour gagner l'Ecoſſe, il lui parut qu'elle riſqueroit beaucoup plus à paroître avec trois hommes armés, qu'avec le ſeul voleur qui devoit être ſon guide dans ſon premier projet. Cependant, d'autres craintes ne lui permettoient point de s'abandonner à la bonne foi d'un voleur, lorſqu'elle retrouvoit l'homme du monde dont elle connoiſſoit le mieux l'attachement. Elle fut délivrée de cette incertitude par le conſeil du Gentilhomme Anglois qui accompagnoit le Sénéchal. Comme il n'étoit queſtion que de ſortir des Etats d'Edouard, il comprit que ſi les côtes du Northumberland étoient trop obſervées pour leur laiſſer l'eſpérance de gagner la Mer de ce côté-là, ils pouvoient ſe promettre plus de facilité du côté de la Province de Cumberland, qui borde la

Mer d'Irlande. Ils n'étoient gueres plus éloignez de Carlile, qui est à l'entrée du Golphe de Solway, que des premiers Ports de la Mer du Nord, & ils l'étoient beaucoup moins que de l'Ecosse. Le Gentilhomme Anglois avoit des amis dans cette Ville qui pouvoient favoriser leur embarquement. Pourquoi ne pas choisir une route qui les conduisoit en peu de momens de Carlile dans le Galloway, d'où il leur étoit si facile de gagner Edimbourg ? Ils s'arrêterent à cette resolution. Le Voleur, qui arriva dans cet intervalle, les y confirma par de nouvelles terreurs. Il avoit appris que sur le bruit qui s'étoit repandu que la Reine & son fils n'étoient pas retournez en Ecosse, Montaigu se proposoit d'assieger tout à la fois les Villes d'Alnewick & de Dunstambourg, dans l'une desquelles on s'imaginoit qu'elle s'étoit retirée. Cette ardeur à chercher les moyens de se saisir d'elle & du Prince, lui fit envisager toute l'horreur du sort qui les menaçoit tous deux, s'ils avoient le malheur de tomber entre les mains de leurs Ennemis; & le supplice de l'infortuné Sommerset rendit cette crainte encore plus pressante.

Cependant, lorsqu'elle eut raconté au Senechal la triste avanture qu'elle avoit essuyée dans la Forêt, il ne crut pas que l'honneur lui permit de s'éloigner sans avoir tiré vengeance des Brigands qui l'avoient insultée. Les richesses dont elle avoit été dépouillée, étoient un autre objet qui méritoit bien de n'être pas abandonné à des infâmes. L'inégalité du nombre faisant peu d'impression sur un cœur tel que le sien, il resolut de les chercher au travers de tous les périls, avec le seul secours de ses deux Compagnons. Cette entreprise, qui répondoit si bien à ses idées de Chevalerie, l'exerça inutilement pour le dessein qu'il s'étoit proposé; mais en parcourant les endroits les plus deserts de la Forêt, il rencontra le Duc d'Excester, & Edmond, frere du Duc de Sommerset, qui s'y étoient jettez après la bataille d'Exham. Pressez par leurs Ennemis, & n'ayant point de grace à espérer du Vainqueur, ils s'étoient flattés comme la Reine, de pouvoir passer quelques jours dans cette solitude, & de trouver quelque voie pour gagner l'Ecosse ou la Mer. La rencontre du Sénéchal qu'ils n'avoient point assez vû pour le reconnoître, les exposa tous à s'égorger dans le premier mouvement de leur defiance. Mais s'étant enfin reconnus pour amis & pour Compagnons du même sort, ils continuerent avec aussi peu de fruit la recherche des Voleurs, qui s'étoient retirés apparemment pour mettre leur butin à couvert.

Rien ne pouvoit être plus consolant pour la Reine que la vûe de deux Seigneurs si dévoués à son service. Après avoir donné des larmes à la mémoire du Duc de Sommerset, elle consentit à prendre le chemin de Carlile, & le secours du Voleur fut accepté pour régler une route dont il connoissoit tous les détours. Les Seigneurs acquitterent la reconnoissance de la Reine, en offrant à sa femme une partie de l'argent qu'ils avoient avec eux ; mais par une générosité digne d'un autre sort, il lui défendit de l'accepter, & s'affligeant même de n'avoir rien de précieux à leur offrir dans leur nécessité, il fit éprouver à la Reine un sentiment que les Rois doivent peu connoître, quand ils sçavent user de leur puissance : " De toute „ ma fortune, lui dit-elle, ce que „ je regrete le plus à ce moment „ est le pouvoir de vous récompen- „ ser. „ Elle arriva heureusement à Carlile, & les soins du guide Anglois lui firent trouver une grande Barque qui la transporta dans la premiére Province d'Ecosse.

A peine eut-elle touché la Côte, qu'elle sentit renaître toutes les vûes que la misere de son fils, plutot que la sienne, & les allarmes qu'elle avoit eues continuellement pour sa vie, avoient comme étouffées depuis la bataille d'Exham. Elle dépécha les Ducs d'Excester & de Sommerset à la Cour du Duc de Bourgogne, pour solliciter de nouvelles marques de l'ancien attachement de ce Prince à la Maison de

Lancaſtre. Ils étoient deſtinez, comme elle, à paſſer encore par d'étranges épreuves., avant que de voir quelque jour à relever leur fortune. Divers malheurs qu'ils eſſuyerent avant que d'arriver en Flandres, les firent tomber dans une ſi grande miſere, que n'ayant oſé ſe preſenter au Duc par la crainte d'être ſoupçonnez d'impoſture en paroiſſant dans un état qui deshonoroit leur nom, ils furent réduits à demander l'aumône pour conſerver leur vie. Philippe de *Commines* aſſure qu'il avoit vû le Duc d'Exceſter, ſuivant ſans *chauſſes*, l'Equipage du Duc de Bourgogne; comme s'il vouloit faire entendre qu'il étoit réduit à la condition de Valet. Peut-être ſervit-il lui-même à le tirer de cette affreuſe extrémité; car il ajoûte que le Duc fut reconnu., ſans expliquer à qui il eut cette obligation.. L'alliance que le Duc de Bourgogne penſoit à prendre avec Edouard, ne le diſpoſoit pas à ſecourir la Reine Marguerite, ni à traiter favorablement ſes Envoyez. Cependant, un reſte d'inclination pour les Lancaſtres lui fit accorder quelques faveurs aux deux

Ducs,

Ducs, avec une pension modique ; qui leur fut payée aussi long-tems qu'ils demeurerent à sa Cour.

Mais la Reine, qui les avoit fait partir de *Kerkebridge* où elle étoit débarquée, s'y trouva exposée à des périls qui donnerent bien plus d'exercice à son courage. Quoiqu'elle se crût en sûreté dans l'Ecosse, elle n'avoit pas jugé à propos de se faire connoître en y arrivant, pour ménager sa propre gloire dans la triste situation où elle étoit. Cette raison l'ayant déterminée à se priver aussitôt de l'escorte des deux Ducs, il ne restoit avec elle & son fils que le Senechal de Normandie & son Ecuyer ; qui lui avoient paru suffire pour la conduire sans éclat jusqu'à Edimbourg ; ou dans tout autre lieu que ses nouveaux desseins lui auroient fait choisir. Elle s'étoit logée, en débarquant à Kerkebridge, chez un Anglois nommé Cork, qui s'étoit fait un établissement dans cette Ville. Mais avec quelque précaution qu'elle se fût déguisée, son Hôte avoit reconnu la Reine Marguerite, le soutien de la Maison de Lancastre & l'Ennemi du Roi Edouard. Il étoit du parti de la Rose blanche. Ses préventions, joint au desir de s'ouvrir une voie à la fortune, lui firent naître la pensée de livrer la Reine & le Prince à la Cour de Londres. Il s'associa quelques autres Anglois de la même Ville. S'étant munis d'une Barque qu'ils crurent suffisante pour traverser le Golfe du Solway, ils surprirent le Sénéchal & son Ecuyer dans le tems du sommeil, & les forcerent de se laisser conduire sans bruit jusqu'au Port. La Reine & le Prince y furent menés après eux, sans pouvoir juger à quel nouvel outrage ils étoient condamnés par la fortune. Leur incertitude dura jusqu'au jour. Mais lorsque les premiers rayons de la lumiere eurent fait reconnoître la Reine au Senechal, & qu'il ne put douter de la noire trahison de son Hôte, la grandeur du péril, la force du zèle qui l'attachoit à la Reine, & le caractere particulier de valeur & d'adresse qui étoit propre aux Chevaliers, lui firent achever si heureusement de se défaire de ses liens, qu'il avoit travaillé à rompre pendant toute la nuit, que s'approchant de son Ecuyer, il fut en état de lui rendre promptement le même service. Alors tout ce qui s'offrit à deux si braves Guerriers devint une arme terrible entre leurs mains. Ils se defirent en un moment des cinq Traîtres qui les conduisoient, & qui n'eurent pas le courage de leur disputer long-tems la victoire.

Cependant, les Rames, les Avirons & tout ce qui devoit servir à la conduite de la Barque, se trouvoit ou brisé par l'effort du combat, ou precipité dans la Mer & emporté par les flots. En retranchant d'une si étrange avanture tout ce qui m'a paru blesser la vraisemblance, j'apprehende encore de me livrer trop à l'Auteur que je traduis. Il raconte que malgré toute l'adresse du Senechal & de son Ecuyer, qu'on ne doit point regarder d'ailleurs comme des gens fort entendus dans la Marine, le vent poussa leur Barque jusqu'à l'entrée du Golfe, où, par une faveur extraordinaire du Ciel, il les rejetta du côté de l'Ecosse. Mais n'en ayant pas plus de facilité à gagner la terre, ils étoient reduits à l'esperance d'échouer sur quelque banc de sable, où ils auroient attendu avec moins d'inquietude le passage des Pêcheurs, qui traversent continuellement le Détroit depuis le Bec de Galloway jusqu'en Irlande. Ce bonheur même leur fut refusé par la fortune. Un vent impetueux, qui soufflöit vers le Nord, les engagea dans le détroit, & les poussa avec violence vers une pointe de l'Ecosse, qui tire son nom de cette partie du Païs, qu'on appelle Cantur. La seule faveur qu'ils durent au Ciel, après celle d'avoir été preservez de la fureur des flots, fut d'aborder sans naufrage sur une côte assez unie, où le vent jetta si rudement leur Barque, qu'elle y demeura ferme dans le sable. Il fallut neanmoins marcher dans l'eau jusqu'aux genoux pour gagner un endroit sec, & le Senechal porta la Reine sur ses épaules, tandis que son Ecuyer rendoit le même service au Prince.

Il ne leur fut pas moins difficile de gagner un lieu habité. Dans une

Province fort deserte, leur marche fut longue pour trouver un Village. Ils s'y arrêterent plus volontiers que dans une Ville ; mais n'ayant pas moins que toute la largeur de l'Ecosse à traverser pour se rendre à Edimbourg, ils conçurent par leurs derniers malheurs qu'ils ne feroient point une si longue route sans de nouveaux dangers. Le lieu où ils se trouvoient étoit peuplé de Païsans grossiers, qui avoient à peine entendu parler de la Guerre des Anglois, & qui n'étoient pas capables de distinguer une Reine, s'ils ne lui voyoient une Couronne sur la tête & un Sceptre à la main. Cette simplicité ne laissant rien à craindre parmi eux, Marguerite prit le parti d'y attendre des nouvelles de son mari & de lui envoyer l'Ecuyer du Senechal. On ne dit point quelles furent ses occupations dans cet intervalle. L'Historien lui prête de longues reflexions, qui devoient être fort ennuyeuses pour elle, si elles le furent autant que pour les Lecteurs.

Enfin, le retour de l'Ecuyer la délivra d'une si miserable situation.

Il arrivoit avec quelques Gardes du Roi d'Ecosse & toutes les commodités qui pouvoient adoucir sa misere; mais les nouvelles qu'il lui apportoit n'étoient propres qu'à redoubler ses douleurs & ses craintes. Henri s'étoit précipité dans un peril beaucoup plus redoutable que tous ceux dont elle étoit delivrée. On doutoit deja de sa vie, & s'il la conservoit encore, il paroissoit peu éloigné de la perdre. Les gens du Senechal, après s'être défendus courageusement dans Alnewick, avoient été forcez par le Comte de Vvarwick & son frere, qui les avoient renvoyés en France, en leur faisant regarder comme une grace, la vie qu'ils leur accordoient. Edouard avoit cimenté son Trône par le supplice de tout ce qui restoit de Seigneurs attachez à la Maison de Lancastre, & ce deplorable Parti sembloit avoir perdu pour jamais l'esperance de se relever.

La Reine voulut connoître toute l'étenduë de son infortune avant que d'expliquer ses intentions. Son ame se roidissant contre les plus afreuses disgraces, il sembloit qu'elle ne fut jamais plus forte que dans les momens où tout se declaroit contre elle, & où elle n'esperoit plus rien que d'elle-même au dehors. Elle se plaignit que l'Ecuyer eût abregé son recit pour la menager; & souhaitant même que son fils n'ignorât rien de ce qui pouvoit endurcir son courage, & le former tout à la fois à la hardiesse & à la patience, elle voulut qu'il apprît le detail des infortunes de son pere & celles qui le menaçoient lui-même.

L'Ecuyer qui avoit passé effectivement sur les plus funestes circonstances du malheur de Henri, fut forcé de les reprendre par ses ordres. Il lui raconta que ce Prince, en se retirant sur la Frontiere d'Ecosse après la bataille d'Exham, n'avoit paru negliger sa femme & son fils que par la persuation où il étoit que le Senechal de Normandie, les Ducs d'Excester & de Sommerset, & quantité d'autres Serviteurs fidéles qui veilloient à la sûreté de deux têtes si précieuses, prendroient soin de favoriser leur fuite, & de les escorter dans quelque lieu inaccessible à leurs Ennemis. Il s'étoit imaginé que dans la necessité de tourner le dos au Vainqueur, leur interêt commun étoit de se diviser, pour lui faire trouver plus de difficulté à les poursuivre. Mais s'étant arrêté à Berwick, il y avoit passé plusieurs jours dans une mortelle inquietude en voyant arriver les debris de son Armée sans recevoir les moindres nouvelles de la Reine & du Prince. Il s'étoit encore flatté qu'ils avoient penetré directement dans l'Ecosse, & cette esperance l'avoit fait avancer jusqu'à Selkirk. Mais après une longue attente, & des recherches inutiles, il s'étoit livré à de si cruelles allarmes, que sans considerer ce qu'il avoit à redouter pour lui-même, il avoit pris la resolution de rentrer en Angleterre. Ce n'étoit plus l'espoir de ranimer son parti qui le rendoit capable de cette temerité. Il en avoit vû comme expirer les restes à Exham, & les Ecossois qui étoient échappez au carnage, paroissoient rebutez d'une si malheureuse entreprise.

Mais

Mais n'ayant souhaité le succès de ses armes que pour l'interêt du jeune Prince, il regardoit la vie comme un supplice s'il falloit trembler continuellement pour celle d'un fils si cher ; & s'il ne pouvoit le tirer des mains de ses Ennemis, il étoit résolu de périr avec lui.

Quelque imprudence qu'il y eût dans cet emportement d'affection, on ne peut expliquer autrement l'oubli de soi-même avec lequel Henri repassa la Twede, sans autre suite que dix Anglois qui lui dévouerent leur liberté & leur vie. Si c'est la plus ferme action de son Histoire, elle n'en merite pas plus d'éloge, puisqu'elle choquoit toutes les regles de la prudence. Rapin, fort embarrassé à l'expliquer, l'attribue sans vraisemblance à l'embarras où il étoit pour se cacher après sa défaite ; comme s'il n'étoit pas certain par le témoignage de Buchanan, que le Roi d'Ecosse étoit encore si bien disposé pour lui, que le Comte d'Angus fut envoyé au secours d'Alnwick avec un Corps de Troupes Ecossoises. “ Henri, dit „ Rapin, ne sçachant où se retirer, „ crut mal à propos qu'il pourroit „ se cacher en Angleterre. Peut- „ être espera-t'il que les Habitans „ des Provinces Septentrionales re- „ prendroient les armes en sa fa- „ veur. Mais les Princes malheu- „ reux trouvent rarement des amis „ fidéles. Du moins on peut présu- „ mer que craignant d'être livré par „ les Ecossois, & n'ayant point de „ commodité pour se sauver par la „ Mer, il espera de trouver une „ sûre retraite chez quelque ami „ d'Angleterre, en attendant une oc- „ casion de passer en France. „ C'est ainsi qu'un Historien s'embarrasse quelquefois dans ses propres conjectures. Rapin soutient les siennes du même ton, lorsqu'il ajoute, „ que „ les deux Rois d'Angleterre & d'E- „ cosse étoient convenus de certains „ articles secrets, qui ne pouvoient, „ dit-il, regarder que le malheu- „ reux Roi fugitif. “ Et citant le Recueil des Actes publics pour établir la réalité de *certains articles secrets*, il croit avoir assez prouvé que ces articles regardoient Henri, quoiqu'il n'y en ait acune trace dans les Actes. On voit qu'avec cette maniere de raisonner, il n'y a point d'imagination si destituée de vraisemblance qui ne puissent être données pour des veritez constantes.

Rapin auroit donc trouvé dans *Hayvvard* que ce fut l'incertitude du sort de la Reine & du Prince qui fit perdre à Henri la vûe du péril, & le soin de sa propre sureté. Il traversa les Provinces du Nord, avec un bonheur qui ne devoit point accompagner si long-tems tant d'imprudence. Son unique précaution avoit été de changer l'Ecu de ses armes, & de se faire passer sur la route pour un Menistre du Roi d'Ecosse, qui étoit chargé de quelque négociation à la Cour de Londres. Mais l'ardeur avec laquelle il s'informoit de la Reine & de son fils avoit déja commencé à faire naître des soupçons, lorsqu'il prit le parti de s'arrêter à Lutterworth, ou plutôt dans une maison fort voisine de cette Ville, chez un Gentilhomme dont la mere avoit été sa Nourrice. Il s'y croyoit dans le sein de la confiance & de l'amitié. Ayant dépéché une partie de ses gens à Londres, il attendoit à leur retour les éclaircissemens qu'il n'avoit pu se procurer dans une longue marche. Mais l'infidelité d'un Domestique, qui le reconnut aux marques de respect qu'il lui voyoit rendre par son Maitre, le fit arrêter en plein jour avec son Hôte & toute sa suite. Il n'y eut rien à espérer de la resistance contre une troupe d'Officiers & de Soldats qui avoient leur quartier dans le voisinage, ausquels il avoit été lâchement vendu. L'insolence & l'outrage furent portez à l'excès dans le traitement qu'il reçut jusqu'à Londres. On le mit sur un mauvais Cheval, couvert d'ornemens ridicules, avec son nom sur le dos; & dans chaque Ville & chaque Bourgade où il passoit, on l'exposa pendant quelques heures aux regards du Peuple, parmi lequel il se trouvoit toujours quantité de miserables qui l'accabloient d'injures. Arrivé à Londres, il eut encore plus à souffrir de la fureur de ceux qui avoient toujours été Partisans de la Maison d'Yorck, & qui croyoient se faire un merite aux yeux de la nouvelle Cour en insultant à l'Ennemi d'Edoüard. Après avoir été promené dans les principales rues de la Ville, il fut précipité dans un des plus noirs Cachots de la Tour; & les premiers bruits grossissant toujours la verité des évenemens, on parloit de sa mort comme d'une exécution déja faite ou peu reculée, lorsque l'Ecuyer du Senéchal avoit pris ces informations à Edimbourg.

La Reine en fut si consternée, qu'avant que de se croire capable d'entrer dans quelque déliberation, elle se tint retirée pendant trois jours avec son fils, sans souffrir même l'entretien ni la vûe du Senéchal. Le jeune Prince, quoique privé par tant d'agitations & d'infortunes, de l'éducation qui convenoit à sa naissance, avoit reçu d'assez riches presens de la nature, pour faire esperer qu'il joindroit quelque jour à la bonté & à la douceur, qui étoient les seules vertus de son pere, le courage & l'étendue de genie, que demandoit le rang où il étoit né, & plus encore le triste état d'une fortune qui ne pouvoit être réparée que par deux qualitez si nécessaires. Sa mere qui les possedoit au-delà des bornes ordinaires de son sexe, on voyoit avec plaisir les premieres semences dans un enfant de cet âge, & s'efforçoit de les cultiver par ses exhortations & ses exemples. Mais comme si elle eût prévu à quoi il étoit destiné par la fatalité de sa naissance, elle ne lui inspiroit rien avec tant de force & de soin que la constance dans les disgraces de la fortune, & le mépris de la mort, sous quelque face qu'elle pût se presenter. Elle lui apprenoit tout à la fois à ne rien négliger & à ne rien craindre, pour se remettre en possession d'une Couronne dont le Ciel avoit fait son partage en naissant, & à se consoler avec la même fermeté si la perte en devenoit irreparable. Elle devoit elle-même une partie de sa constance à la repetition qu'elle lui faisoit continuellement de ces grandes maximes; & s'il y a quelque leçon éclatante à tirer de son Histoire, c'est particulierement de cette merveilleuse vigueur d'esprit qui la faisoit passer tout d'un coup du dernier dégré d'abaissement & de consternation où elle étoit reduite en apparence, aux plus nobles resolutions & aux entreprises les plus héroïques.

Elle ne sortit du deüil où elle s'étoit renfermée que pour tirer des malheurs mêmes qu'elle venoit de pleurer, une infinité de nouvelles vûes, qu'elle joignit à celles dont elle avoit eu le tems de s'occuper depuis la déroute d'Exham. Premierement, elle se persuada, contre l'opinion du public dont elle avoit été informée par l'Ecuyer, que la vie de son mari n'étoit pas si-tôt menacée, puisqu'il étoit à la Tour de Londres. S'il avoit du périr, elle pensa que c'eût été par les bras de quelque brutal ou de quelque perfide, qui eût esperé de plaire à Edoüard; & malgré toute la fureur qu'elle supposoit à ses Ennemis, elle ne put s'imaginer qu'ils osassent traduire en public & soumettre au fer d'un Bourreau, un Roi qui avoit reçu la Couronne par voye de succession, & qui l'avoit portée environ quarante ans. Ce n'étoit pas un crime d'être né sur le Trône, Henri n'en avoit jamais commis d'autre, & s'il avoit eu le malheur de s'attirer le mépris de ses Sujets, on ne lui reprochoit point d'avoir mérité leur haine.

D'un autre côté, Edoüard commençoit à faire des mécontens dans sa Cour. On parloit de quelque refroidissement du Comte de Vvarwick & de tous les Nevills. Quoique l'Ecuyer du Senéchal n'eût rien démélé dans un brut si vague, il assuroit la Reine, que le Comte avoit eu des explications fort vives avec le Roi, & que leurs Amis communs trembloient pour les suites de ce differend. Elle partit plus tranquille avec ces deux fondemens d'esperance, sur lesquels elle formoit déja plusieurs desseins qu'elle renfermoit dans son cœur. Mais elle comprit que ce ne seroit jamais de l'Ecosse, qu'elle feroit joüer les ressorts par lesquels il falloit commencer son entreprise. La minorité du Roi Jacques n'étoit pas prête à finir, & quoiqu'elle n'eut point à se plaindre des Ministres, elle avoit remarqué qu'en lui accordant une retraite & quelques foibles secours, ils avoient moins cherché à l'aider solidement qu'à remplir un devoir d'honneur dont ils n'avoient pu se dispenser. Berwick lui laissoit au fond du cœur une playe qui n'étoit pas guerie, & rien ne pouvoit lui faire regarder comme des amis sinceres ceux qui avoient été capables d'abuser de son infortune pour lui arracher la seule place qui lui restoit en Angleterre.

Elle passa neanmoins quelques jours à Edimbourg, & soit que les Ministres fussent ravis de hâter son depart en le facilitant par toutes sortes de services, soit que la voyant determinée à partir, ils voulussent conserver avec elle des apparences de liaison & d'amitié, ils lui offrirent une somme considerable qu'elle accepta sans se faire presser, & deux Vaisseaux pour la transporter en France avec une suite d'Anglois qui se trouvoient dispersez en Ecosse depuis la Journée d'Exham. Quelques

Historiens prétendent même que son fils fut accordé avec la Princesse Marguerite, sœur du Roi Jacques. Mais les deux partis étoient si jeunes & l'avenir si obscur, que si cette circonstance est certaine, elle ne peut passer que pour un dernier témoignage de la politesse des Ecossois.

Le vent fut si peu favorable à la Reine, que dès le premier jour de sa navigation, elle essuya une affreuse tempête, qui separa ses deux Vaisseaux, & qui lui fit voir le moment où elle alloit trouver dans le fond des flots la fin d'une vie si malheureuse. Cependant le calme s'étant retabli, après douze heures d'agitation; elle fut forcée, par le desordre de son Vaisseau, de relâcher au Port de l'Ecluse. Elle y auroit trouvé de nouveaux sujets d'inquiétudes, si le caractere de Philippe *le Bon* n'avoit été trop connu pour lui inspirer de la défiance. Il venoit d'accepter les propositions d'Edouard pour le mariage de la sœur de ce Prince avec le Comte de Charolois son fils. C'étoit rompre jusqu'aux derniers nœuds de son ancienne alliance avec la Maison de Lancastre, & s'engager ouvertement dans les interêts de celle d'Yorck. Marguerite n'apprit cette nouvelle qu'après son debarquement; mais quand le mauvais état de son Vaisseau ne l'auroit pas retenue malgré elle à l'Ecluse, elle auroit cru faire injure au Duc de Bourgogne en le soupçonnant d'une lâche trahison. Loin de s'arrêter à cette pensée, elle lui fit demander la permission de traverser une partie de ses Etats, pour se rendre dans le Duché de Bar, qui appartenoit au Duc de Calabre son frere. Il y a peu d'apparence que les Ducs d'Excester & de Sommerset fussent encore à la Cour du Duc de Bourgogne, & qu'ils y eussent joui long-tems des liberalitez de ce Prince, après y avoir été reconnus dans leur misere, puisqu'on ne trouve nulle part qu'ils ayent rejoint la Reine à l'Ecluse ou dans son passage en Flandres. Peut-être n'y vinrent-ils même qu'après son départ, & lorsqu'elle se fut rendue auprès de Louis XI. à Chinon.

Philippe justifia, par toutes sortes de soins & de services, l'opinion qu'elle avoit eue de sa generosité. Il étoit à Hedin, son sejour ordinaire, d'où il lui envoya non-seulement une somme d'argent, dont il lui fit dire galament qu'il la croyoit moins pourvûe que de beauté & de courage, mais encore un detachement considerable pour la garantir des insultes de la Garnison de Calais, & pour la conduire jusqu'à la Frontiere de ses Etats. Sans lui expliquer les liaisons qu'il venoit de former avec Edouard, il s'excusa sur la necessité de ses affaires, qui ne lui permettoit pas de faire davantage en sa faveur. Ce langage étoit trop clair. Aussi n'y repondit-elle que par des politesses, où l'Historien dit qu'elle sçut mêler admirablement la grandeur de son caractere & celle de son rang avec l'espece de soumission qui convenoit à sa reconnoissance. Mais en passant à quelque distance de Calais, il lui arriva un malheur auquel elle fut d'autant plus sensible, que n'ayant personne avec elle à qui elle eût tant de confiance qu'au Senechal, elle perdit un secours qui lui étoit plus necessaire que jamais dans les embarras d'une longue route. Ce galant Chevalier se laissa emporter par la curiosité d'observer les fortifications de Calais. S'étant approché trop près de cette Place, il fut enveloppé par un Parti d'Anglois qui le firent prisonnier, & qui le conduisirent au brave Vauclerc.

Cependant la Reine, plus heureuse dans le reste de sa route, arriva dans le Duché de Bar où elle fut reçue par son frere avec plus de tendresse que de magnificence. Il avoit été obligé de fournir des sommes considerables au malheureux Roi René, à qui Louis XI. pour prix de tant de services qu'il avoit rendus à la France enlevoit le Maine & l'Anjou. Marguerite se consola aisement de ne pas trouver dans sa famille des secours sur lesquels elle avoit peu compté. Elle ne s'arrêta à Bar que pour se remettre de ses fatigues par quelques jours de repos, & reprenant sa route au travers de la France, elle arriva à

Paris quelques jours après le depart du Roi, qui étoit allé à Chinon avec toute sa Cour. Avant que de se presenter à ce Prince, elle étoit bien aise de prendre des informations dans la Capitale sur les interêts presens du Royaume, & de sçavoir quelles facilitez elle devoit se promettre à obtenir du secours.

La Prison du Senechal n'avoit pas duré long-tems. Il se trouvoit à Paris lorsque Marguerite y arriva, & n'ayant point ignoré le plan de sa route, il l'attendoit dans cette Ville à son passage. S'il fut doux pour elle de retrouver un homme à qui elle avoit tant d'obligations, & de qui elle pouvoit encore esperer beaucoup de services, elle crut lui devoir bien plus d'affection & de reconnoissance lorsqu'elle eut appris ce qu'il venoit de faire pour ses interêts. Ayant été reçu avec beaucoup de distinction par Vauclerc, qui lui fit des excuses de l'erreur de ses gens, il avoit cru que les affaires mêmes de la Reine devoient lui faire passer quelques jours à Calais, & que dans l'occasion qu'il auroit d'enretenir les Anglois, il ne manqueroit pas de se procurer des lumières dont elle sçauroit faire usage. Il n'y avoit pas été long-tems sans entendre parler des differends du Roi & du Comte de Vvarwick. Cette querelle étoit devenue si vive, qu'elle commençoit à effrayer tous les Partisans de la Maison d'Yorck. On n'ignoroit point ce que cette Maison devoit au Comte. Comme il avoit mis la Couronne sur la tête d'Edouard, on étoit persuadé que son bras étoit encore necessaire pour l'affermir, & personne ne comprenoit qu'un Roi dont la fortune étoit son ouvrage, fut capable de le traiter avec si peu de ménagement. Cependant il n'avoit pas craint de le blesser par les endroits les plus sensibles, & les mesures que le Comte gardoit encore dans son ressentiment passoient aux yeux de tout le monde pour un rare effet de sa moderation.

Si l'on se souvient des sentimens qu'il avoit conçûs pour Elizabeth Vvodwille, on doit se rappeller aussi que le Roi n'avoit pu voir cette belle Veuve ſans être touché de ſes charmes. Edouard étoit l'homme le mieux fait de ſon tems. Les exercices de la Guerre, dans leſquels il avoit été élevé depuis ſon enfance, ne l'avoient pas empêché de ſe jetter dans la galanterie; & par le ridicule de tous les Grands qui n'ont pas reçu de la nature autant d'eſprit que de qualitez exterieures, il s'imaginoit que ſa bonne mine lui donnoit des droits invincibles ſur le cœur de toutes les femmes. Avec cette preſomption, qui lui faiſoit dédaigner tous ſes Rivaux, il avoit regardé le cœur d'Eliſabeth Vvoodwille comme une conquête aiſée, & s'il n'avoit pu croire qu'avec tant de merite elle n'eut pas fait naître à quelqu'un les mêmes deſirs, il s'étoit cru ſi ſuperieur à toutes ſortes de concurrences, qu'il ne s'étoit pas informé s'il en avoit à redouter.

Cependant, lorſqu'après lui avoir rendu bien des ſoins inutiles il eut appris que c'étoit le Comte de Vvarwick qu'il avoit à combattre dans le cœur de ſa Maîtreſſe, il ſentit que par mille

mille raiſons c'étoit l'homme du monde qu'il devoit ſouhaiter le moins pour Rival. Si l'on en croit les Ecrivains de ſa vie, il s'efforça de vaincre ſa paſſion, par un ſacrifice qui bleſſoit d'autant moins ſa vanité qu'il croyoit le faire uniquement à la reconnoiſſance. Mais il connoiſſoit mal ſes propres forces. Elizabeth avoit fait ſur lui des impreſſions ſi profondes, qu'il revint à elle avec de nouveaux empreſſemens. Le Comte, qui les auroit peut-être ſupportez avec moins d'impatience, s'il eût été lui-même plus favoriſé par l'amour, ne peut pardonner au Roi de diſputer le cœur d'une femme à celui qui n'avoit pas épargné ſon ſang pour lui aſſurer une Couronne. Il étoit marié, ce qui le diſpoſoit encore plus à ſe tourmenter par de noirs chagrins. Il fit des plaintes ſi ameres à la Nation, qu'elles ne purent être long-tems cachées à Edoüard. Cette premiere ſemence de diviſion produiſit des effets ſurprenans à Londres & dans toute l'Angleterre, par la haute opinion qu'on y avoit des ſervices du Comte & de la reconnoiſſance qu'il avoit droit d'attendre de ſon Maître.

Leurs amis communs réüſſirent neanmoins à les reconcilier, & ce fut le Roi qui fit tous les frais de cette réconciliation par un nouveau ſacrifice de ſes ſentimens. Mais il crut avoir acheté aſſez cher le droit de ſe ſatisfaire d'un autre côté avec moins de menagement. Le Comte avoit deux filles extrêmement aimables, dont la plus jeune avoit vêcu juſqu'alors dans la retraite, & demeuroit encore dans une de ſes Terres, où le tumulte de la Guerre l'avoit retenuë depuis ſon enfance. Soit qu'Edoüard eût pris de l'amour pour elle dans quelque lieu où le hazard avoit pû les faire rencontrer, ſoit que le ſeul deſſein de faire payer au Comte un ſacrifice forcé l'animât à le punir par une vengeance de la même nature, il s'attacha ſecretement à gagner le cœur de ſa fille. Quoique tous les Hiſtoriens ayent parlé de cette intrigue, il ne s'en trouve pas un qui en rapporte les circonſtances. Mais ſans qu'on puiſſe ſçavoir juſqu'où le Roi pouſſa ſes avantages, on ſçait qu'il fut ſurpris pendant la nuit dans le Château du Comte, au moment qu'il en ſortoit deguiſé ſous l'habit d'un Payſan. N'ayant pû s'échapper qu'en faiſant connoître ſon nom, cette avanture ne demeura point inconnuë au Comte. Il la regarda, lui & la plûpart de ſes amis, comme le plus ſanglant outrage qu'Edoüard eût pû faire à ſon bienfaicteur, & dès ce moment il ſe diſpenſa de paroître à la Cour.

C'étoit cette querelle qui faiſoit l'entretien de tous les Anglois, lorſque le Senêchal avoit été conduit à Calais. Il ſe garda bien de negliger une ouverture ſi importante, ſur-tout après avoir ſondé les diſpoſitions de Vauclerc, qui étoit trop attaché au Comte de Vvarwick pour ne ſe pas croire bleſſé dans ſon injure, & qui n'étoit pas même capable de parler de ſon reſſentiment avec moderation. S'étant ouvert ſans défiance à un François, il dit ouvertement au *Senêchal* " qu'Edoüard ne meritoit pas un ſerviteur tel que le Comte, & qu'a-

„ près en avoir reçu tant de bien-
„ faits, le deshonorer dans la per-
„ sonne de sa fille étoit un indig-
„ ne salaire. „ En l'échauffant par
des reflexions adroites ; le Senêchal
le mena beaucoup plus loin. Il lui
fit goûter divers projets de vengeance qu'il lui conseilla de proposer au Comte, tels que celui de se
retirer à Calais, où rien ne lui étoit
si aisé que de se rendre indepen-
dant ; & tombant sans affectation sur
la Maison de Lancastre, il demanda
„ quelle raison après tout, le Comte
„ & son pere avoient euë de s'attacher
„ exclusivement à celle d'Yorck, si ce
„ n'étoit l'honneur de relever un Parti
„ qui avoit besoin de deux si braves
„ Défenseurs, & l'utilité qu'ils pou-
„ voient attendre de leurs travaux pour
„ leur fortune & pour leur gloire ?
„ Quel interêt les Nevills avoient-
„ ils à soutenir leur ouvrage, lorsque
„ l'ingratitude du Roi leur ravissoit
„ les seuls fruits qu'ils en avoient dû
„ recueillir ? S'ils étoient sensibles au
„ contraire à l'injure & au mepris,
„ ils avoient une voye toujours ouver-
„ te pour satisfaire leur juste ressenti-

„ ment, avec la certitude d'y trouver
„ au double tous les avantages qu'E-
„ doüard ne rougissoit pas de leur en-
„ lever. Henri de Lancastre étoit Pri-
„ sonnier à la Tour ; mais n'avoit-il
„ pas un fils , dont l'enfance annon-
„ çoit deja toutes les vertus des plus
„ grands Princes , & qu'il étoit d'au-
„ tant plus avantageux de servir , qu'à
„ l'âge où il étoit encore , c'étoit
„ s'assûrer long-tems le pouvoir ab-
„ solu que de l'en revêtir ? Margue-
„ rite n'existoit-elle pas toujours , cet-
„ te Heroïne dont l'adversité ne pou-
„ voit abattre le courage , cette Reine
„ qui avoit soutenu si dignement la
„ Majesté du Trône , cette bonne &
„ genereuse Maitresse qui avoit aimé
„ si constamment ses Ministres & ses
„ favoris ; & n'étoit-il pas surprenant
„ qu'un homme du merite du Comte,
„ eût réfusé son attachement à la plus
„ grande Reine dont l'Angleterre peut
„ se vanter , pour le donner à un Roi
„ qui n'avoit rien de recommandable
„ que sa figure ? Mais il étoit tems en-
„ core de revenir de cet aveuglement.
„ C'étoit au Comte de Vvarwick à
„ retablir les Trônes après les avoir

„ abbatus. L'honneur, l'interêt, la
„ vengeance, tout lui en faisoit une
„ loi, & l'Europe entiere qui avoit
„ deploré la ruine de la Maison de
„ Lancastre, applaudiroit au Heros
„ qui entreprendroit de la reparer. „

Vauclerc deja disposé à tout ce qui pouvoit tirer le Comte de son humiliation, se sentit tellement animé par ce discours, qu'il promit au Senêchal d'en faire valoir jusqu'aux moindres termes. Apprenant même que la Reine avoit repassé la Mer, & qu'elle devoit se rendre incessament à Paris, il ne desespera pas d'engager le Comte à lui depêcher quelque personne de confiance, pour lui offrir ses services, & recevoir ses propositions. Il partit pour Londres dans le même-tems qu'il laissoit au Senêchal la liberté de se rendre à Paris, & ils convinrent ensemble d'une voye sûre pour l'établissement de leur correspondance.

Des motifs si pressans ayant fait retarder son depart à la Reine, elle fut agréablement surprise de se voir amener un jour par le Senêchal, Mylady Nevill, qui venoit de Londres avec les instructions secretes de son frere. S'étant laissé persuader par les conseils de Vauclerc, il n'avoit trouvé personne à qui il crût pouvoit accorder plus de confiance qu'à une sœur exercée aux intrigues de la Cour, & liée anciennement avec la Reine. Mylady Nevill n'avoit pas changé de caractere. Toujours tendre, toujours faite pour être la duppe ou la victime de l'amour, elle ne laissoit pas de joindre à mille charmes que l'âge n'avoit point encore alterez, toute la finesse & la solidité d'esprit qui élevent une femme au-dessus de son sexe, & qui la rendent propre aux plus grandes affaires. Mais toute son experience ne l'avoit pas garantie d'un nouvel engagement, & par la fatalité ordinaire de son sort, elle se trouvoit liée d'inclination avec un homme marié, & du caractere le moins propre à lui faire trouver le bonheur qu'elle cherchoit dans un commerce de cette nature. Edoüard, après avoir pris la resolution d'exposer toute sa fortune au hazard d'une Bataille à la sanglante journée de

Tawton, avoit fait partir pour la Hollande ses deux freres, *Georges* & *Richard*, dans la seule vûë de mettre une partie de son sang à couvert des caprices du sort. Ces deux Princes étoient revenus après le triomphe de leur frere, & partageant aussi-tôt les fruits de sa victoire, ils avoient été créez Ducs sous les deux plus beaux Titres d'Angleterre. Georges, qui étoit l'aîné, avoit eu le choix. Il étoit prêt à se déterminer pour le titre de *Glocester*, & à laisser celui de *Clarence* à son cadet, lorsque Mylady Nevill, qui avoit déja conçu quelque inclination pour lui, se hâta de lui representer qu'il n'y avoit point de nom si malheureux dans l'Histoire de la Nation. Hugues *Spencer*, Thomas *Vvoodstock*, & presque tous ceux qui l'avoient porté, avoient eu le malheur de perir par la main d'un Bourreau. Henri *Plantagenet*, son Amant, avoit été poignardé à la Tour de Londres Enfin, quelque badine qu'on puisse trouver cette observation, la suite des évenemens fera voir encore que le même

même nom devint funeste à Richard, qui l'accepta sur le refus de son frere.

Georges choisit par cette raison le titre de Clarence, qui ne lui fut pas plus heureux. mais en recevant le conseil de Mylady Nevill, il crut voir dans ce soin officieux un panchant si declaré pour lui, qu'il ne put se défendre de lui offrir son cœur. Ses offres furent acceptées. Edouard, qui avoit d'autres vûës sur son frere, l'obligea d'épouser une des filles du Comte de Vvarwick, niece par consequent de Mylady Nevill, qui se trouva ainsi forcée de faire violence à son inclination. Cependant le Duc de Clarence, après avoir eu la foiblesse de ceder aux volontez du Roi, se sentit rappellé auprès d'elle par ses premiers sentimens; & le nœuds d'une alliance si étroite ne les empêcha point de se revoir avec la même familiarité & le même goût. Cette intrigue étant dans sa plus grande chaleur, lorsqu'Edouard, avoit commencé ouvertement à chagriner le Comte de Vvarwick, il ne fut pas libre au Duc de Clarence de prendre parti pour le Roi contre le pere de sa femme, & le frere de sa Maîtresse.

Mylady Nevill commença, avec la Reine, par tous ces aveux. Elle lui fit l'Histoire de tout ce qui s'étoit passé à la Cour de Londres depuis la revolution. Edouard n'avoit pas irrité seulement le Comte de Vvarwick. Soit que son penchant aux plaisirs de l'amour le portât sans distinction à tout ce qui étoit capable de flatter un goût si general, soit que le chagrin de ne pouvoir se livrer à son inclination pour Elizabeth Vvoodwille, lui fit chercher à se guerir de cette passion par la multitude de ses intrigues, il s'étoit fait des Ennemis irreconciliables d'un grand nombre de Maris, dont il avoit seduit les Femmes, & d'une infinité de familles où il avoit porté le desordre. La promesse même qu'il avoit faite au Comte de se priver de voir Elizabeth, n'étoit observée qu'en apparence. On sçavoit qu'il avoit fait secretement le voyage de Northampton, où cette belle veuve s'étoit retirée ; & le Comte qui en étoit toujours passionement amoureux sans la voir repondre à ses sentimens, soupçonnoit un Rival si dangereux d'être mieux avec elle qu'il ne feignoit de l'être aux yeux du Public. Ainsi au ressentiment d'avoir été outragé dans la personne de sa fille, il joignoit encore celui de se croire joué par de fausses apparences, sans compter toutes les noires idées qui font une passion si furieuse de la jalousie.

La vérité étoit que dans le choix d'un Amant, Elizabeth auroit préferé le Comte. Elle avoit pour lui des sentimens qui s'étoient assez declarez dans le peril dont elle l'avoit sauvé avec le secours de sa sœur, & la complaisance avec laquelle elle recevoit ses soins, devoit lui persuader qu'elle regretoit de se voir arrêtée par des raisons qu'elle ne pouvoit vaincre. Mais il étoit marié. Quelle apparence qu'une Veuve de son âge allât lui sacrifier, non seulement son honneur, mais encore toutes les esperances de fortune qu'elle pouvoit fonder naturellement sur sa jeunesse & sur sa beauté ! Si elle ne se flattoit pas encore que le Roi pensât à l'élever sur le Trône, peut-être lui avoit-elle deja connu assez de foiblesse pour esperer de le mener bien loin avec un peu d'art & de ménagement. L'inconstance même qui lui faisoit chercher continuellement de nouveaux plaisirs jusques dans les familles bourgeoises de Londres, ne la refroidissoit pas pour les soins qu'il lui rendoit secretement. Outre qu'il faisoit valoir lui-même sa legereté, comme le desespoir d'un cœur qui travaille à se soulager de ses peines, elle en concluoit qu'un Prince, à qui l'amour faisoit commettre tant d'indecences, pourroit bien oublier quelque jour la distance qu'il y avoit entr'elle & lui, & passer sur toutes sortes de difficultez pour se satisfaire lorsqu'elle l'auroit enflammé jusqu'à se rendre necessaire à son bonheur.

Ainsi se partageant entre son goût & son ambition, Elizabeth recevoit successivement le Roi & le Comte : avec cette difference qu'affectant de ne voir dans le Comte qu'un Ami dont l'estime lui étoit précieuse, elle lui ouvroit sa Maison sans aucun air de mistere ; au lieu que n'ayant aucun pretexte pour recevoir le Roi avec la même liberté, elle étoit obligée de menager les momens, & de consentir même à le voir quelquefois dans des tems & dans des lieux qui auroient rendu sa complaisance suspecte, si elle n'avoit toujours pris soin d'y joindre des précautions qui étoient capables de mettre son honneur à couvert.

Ce double commerce l'exposa un jour à tout ce qu'elle en pouvoit craindre de plus desagreable ; mais son bonheur voulut ensuite que ce qui lui avoit causé une mortelle frayeur, devint le plus solide fondement de ses esperances. Le Roi souhaitant qu'elle fût moins éloignée de Londres, & qu'elle eût quelque pretexte pour ne pas demeurer habituellement dans la Province de Northampton, où elle avoit sa famille & son bien, lui menagea secretement un heritage, auquel on pretend qu'elle n'avoit aucun droit, mais qui lui fut laissé à titre de restitution par le Chevalier Sanders, qui se reconnut obligé en mourant de reparer par cette donation, des torts inconnus qu'il lui avoit faits dans le cours des guerres civiles. Il y a beaucoup d'apparence qu'Edouard en avoit payé fort avantageusement la valeur aux Heritiers de Sanders. Mais affectant de louer une disposition si juste, il la revêtit de toutes les formalitez qui pouvoient la rendre irrevocable. Elle consistoit dans une Terre voisine de la Capitale, dont Elizabeth ne manqua point de venir prendre possession. Le Roi s'y trouvoit un jour assez tard, lorsque le Comte de Vvarwick y arriva sans être attendu. Quoiqu'Elizabeth eut reçu ce Prince avec les mesures dont elle ne se relâchoit jamais, c'est-à-dire, dans la presence de sa mere & de quelques autres personnes dont le caractere écartoit les soupçons, l'air de familiarité & de secret avec lequel Edouard y étoit venu, les promesses par lesquelles il s'étoit engagé au Comte, & l'outrage récent qu'il lui avoit fait à l'occasion de sa fille, firent craindre à toute l'assemblée que cette rencontre ne produisît quelque scene éclatante. Le Comte étoit dans l'usage d'entrer librement. S'il paroissoit impossible de lui refuser avec bienseance des civilitez dont on ne pouvoit se dispenser sous aucun pretexte, il étoit encore plus difficile de proposer au Roi de se retirer sans être apperçu. Enfin ce dernier parti étant neanmoins le plus sûr, Elizabeth fit entendre elle-même à ce Prince que pour éviter de se commettre avec un homme aussi fier que le Comte, il étoit à propos qu'il daignât se dérober par une porte secrete, & reprendre furtivement le chemin de Londres. Cette proposition jetta Edouard dans une agitation furieuse. Après avoir deliberé quelques momens, il se plaignit de la necessité où il étoit, pour l'honneur d'Elizabeth, de ceder à un Sujet presomptueux, qui sembloit le braver continuellement. Et donnant ensuite un autre tour à ses plaintes ; quelles sont donc ses pretentions, dit-il à Elizabeth ? Il est marié, & je ne le suis pas. Ce ressentiment ne l'empêcha point de se retirer, & le Comte de Vvarwick qu'on avoit trouvé le moyen de retarder un moment, n'apperçut rien qui blessât ses yeux.

Elizabeth raisonnant sur les dernieres expressions du Roi, y trouva plus que jamais de quoi nourrir ses flatteuses pretentions. Elle en devint beaucoup plus reservée pour le Comte, quoi que dans la vûë de se delivrer d'un obstacle qu'il se voyoit opposer souvent; il eût pris occasion de l'avanture de sa fille pour faire passer sa femme & ses enfans à Calais. C'étoit dans le même tems que Vauclerc arrivoit à Londres. Il étoit si disposé par ses noires agitations à recevoir tous les conseils qui pouvoient servir à le venger, qu'il ne resista point à ceux d'un ami si fidéle. Ils concerterent ensemble les moyens de commencer une si grande entreprise. Ne pouvant douter qu'ils ne fussent observez en Angleterre, ils conçurent que le principe du mouvement devoit être au dehors, & ce fut par leurs deliberations communes que Mylady Nevill fut chargée de passer en France pour faire l'ouverture de leurs sentimens à la Reine.

Outre les amis du Comte & les secours qu'un homme si estimé dans toute l'Angleterre pouvoit esperer de ceux qui le regardoient comme le Heros de leur Nation, il y avoit dans l'Etat deux sortes de Mecontens, dont il ne se croyoit pas moins assuré. Les uns parens ou amis d'une infinité de victimes qu'Edouard avoit sacrifiées à l'établissement de son autorité, & qui s'étoient accoutumez à le regarder comme un usurpateur & un Tiran. Dans ce nombre étoient compris tous les anciens Partisans de la Maison de Lancastre ; gens observez de trop près & trop effrayez par la rigueur avec laquelle on les avoit traitez, pour lever la tête au hazard ; mais toujours prêts à courir ardemment au premier signe qui seroit capable de ranimer leur confiance. Les autres étoient ceux qui se plaignoient au contraire de n'avoir pas vû leurs services assez recompensez par la Maiſon d'Yorck, & qui ſe repentoient d'avoir prodigué leurs biens & leur ſang pour en recueillir ſi peu de fruit. Edouard avoit crû ſa reconnoiſſance aſſez marquée à la Nation par quelques bienfaits repandus entre les Grands. En creant quelques Ducs & quelques Comtes, il avoit negligé les Officiers Subalternes, & tous les autres Ordres de l'Etat, qui l'avoient ſervi avec beaucoup de deſintereſſement & de zèle. On avoit excuſé cette froideur auſſi long-tems qu'on l'avoit crû forcé d'employer ſes revenus aux beſoins d'un nouveau regne; mais lorſqu'on l'avoit vû tourner toutes ſes depenſes du côté du plaiſir, & prodiguer juſqu'à vingt mille écus, qui étoient alors une ſomme fort conſiderable, pour ſe procurer les faveurs d'une Bourgeoiſe de Londres, on s'étoit emporté aux plaintes & aux murmures.

Mais les inſtructions de Mylady Nevill ne ſe reduiſoient pas à offrir les ſervices de ſon frere à la Reine, & à lui expoſer ſur quelles eſperances il vouloit entreprendre de lui devenir utile. Elle étoit chargée d'apprendre de la Reine surquoi le Comte pouvoit compter du côté de la France & des autres Etats dont elle pensoit sans doute à solliciter le secours. Il lui demandoit un Corps d'aumoins quatre mille hommes, avec lesquels il souhaitoit qu'elle vint descendre, non dans les Provinces du Nord, où la guerre ne pouvoit manquer de trainer en longueur, mais dans la partie Meridionale d'Angleterre, ou dans la Province de Kent. Il vouloit qu'au moment de sa descente le Prince son fils fût proclamé Roi, & que sans donner à Edouard le tems de se reconnoître, elle avançât à grandes journées vers Londres, tandis qu'avec ses amis & les Troupes qu'il pourroit recueillir, il iroit au-devant d'elle pour l'introduire aussi-tôt dans la Capitale. Ce dessein, qui parut d'abord temeraire à la Reine, prit pour elle une apparence bien differente, lorsque Mylady Nevill, qui s'étoit fait un plaisir de la surprendre, lui montra un engagement signé du Marquis de Montaigu, frere du Comte,

& de Burchier Archevêque de Cantorbery, l'un General des Troupes d'Edouard, l'autre Primat d'Angleterre & Chef du Conseil, par lequel ces deux Seigneurs épousoient les interêts de Henri de Lancastre, en se reprochant d'avoir abandonné leur devoir pour servir un Prince ingrat. Il parut clair tout d'un coup à la Reine qu'elle avoit peu d'obstacles à craindre avec les arbitres du pouvoir civil & militaire. Sa surprise augmenta encore, lorsqu'elle vit un troisiéme engagement du Duc de Clarence, qui tout frere qu'il étoit d'Edouard, paroissoit aussi animé que les autres à sa ruine.

Elle sçavoit déja, par l'aveu de Mylady Nevill, que le Duc étoit son Amant, & qu'étant d'ailleurs attaché au Comte de Vvarwick par son mariage avec sa fille, il étoit naturel qu'il prît quelque part au ressentiment des Nevills. Elle comprenoit de même que le Marquis de Montaigu devoit être sensible à la disgrace de son frere, & l'Archevêque, qui étoit leur proche parent, avoit pû s'affliger aussi de voir oublier si-tôt leurs services. Mais quelque experience qu'elle eût faite pendant toute sa vie de l'inconstance des Anglois, elle eut tant de peine à concevoir une revolution de sentimens qui alloit jusqu'à faire violer à l'un les droits du sang, à l'autre ses engagemens d'honneur, & au Prelat la fidelité qu'il avoit jurée le premier au feu Duc d'Yorck & à ses Descendans, que s'en rapportant à peine au témoignage de ses propres yeux, elle pressa Mylady Nevill de lui faire mieux comprendre une si étrange alteration.

La cause en étoit si simple, que ce fut un autre sujet d'étonnement pour la Reine. Burchier avoit attendu de la reconnoissance d'Edouard ses sollicitations à la Cour de Rome, pour lui faire obtenir la dignité de Cardinal. Il n'avoit pas fait difficulté de l'avertir que cette faveur étoit differée trop long-tems. Edouard s'étoit d'abord excusé sur le peu de consideration où il se croyoit encore à Rome. Il avoit écrit au Pape Pie II. pour lui communiquer son avenement à la Couronne, & ce Pontife l'en avoit felicité par un Bref; mais les termes en étoient tellement menagez, que son approbation n'étant fondée que sur les preuves qu'Edouard lui avoit lui-même données de son droit, il paroissoit se reserver la liberté de se retracter dans d'autres conjonctures. Cette politique avoit d'autant plus choqué le Roi, qu'en ayant fait des plaintes fort vives, on y avoit paru insensible. Mais Burchier insistant sur ce que le Pape ne l'en avoit pas moins reconnu, & sur la bonne intelligence où il continuoit de vivre avec l'Angleterre, le Roi fatigué de ses instances, lui avoit repondu plaisament, que de deux vices favoris qu'il lui connoissoit, l'incontinence & l'ambition, il lui laissoit la liberté de rassasier si pleinement le premier, qu'il en eut moins d'impatience pour satisfaire l'autre. L'Archevêque étoit fier. Le ridicule qu'il avoit crû attaché à cette plaisanterie lui avoit mis dans le cœur des mouvemens de haine qu'il brûloit de faire éclater.

L'infidelité de Montaigu paroissoit plus facile à comprendre, &

la Reine n'en auroit pas soupçonné d'autre cause que son amitié pour son frere, & le ressentiment de l'affront qu'Edouard avoit fait à leur famille. Cependant il avoit paru, par la resistance qu'il avoit apportée d'abord aux sollicitations du Comte, que ces deux raisons n'auroient pas suffi pour l'ébranler dans son devoir, s'il n'y avoit joint le chagrin de se voir enlever une riche heritiere qu'il aimoit, & que le Roi qui commençoit à se defier des Nevills, fit épouser au Lord Scales.

A l'égard du Duc de Clarence, Mylady Nevill ne put apporter d'autres raisons que les liens étroits qu'il avoit avec elle & toute sa famille; à moins que de compter pour quelque chose la mortification qu'il avoit essuyée avant son mariage, par le refus qu'Edouard avoit fait de lui laisser épouser la même heritiere, qu'il avoit ôtée ensuite à Montaigu pour la donner à son Rival. La division n'est pas rare entre les Freres. Le Duc d'Excester en étoit un autre exemple, lui qui ayant épousé anciennement la sœur d'Edouard n'en avoit pas eu moins de constance dans son attachement pour la Reine Marguerite, & vivoit même separé de sa femme, qui n'avoit pas voulu quitter l'Angleterre pour le suivre. Mais l'évenement fit connoitre que le Duc de Clarence nourrissoit secretement des vuës plus profondes, dont toutes les raisons qu'on lui supposoit n'étoient que le pretexte. Il étoit l'Heritier presomptif de la Couronne. Il voyoit son frere haï d'une partie des Grands & de ceux qui l'avoient le mieux servi. Sans faire éclater encore ses esperances, il se flattoit qu'en laissant échauffer la querelle, il seroit peut-être assez heureux pour en recueillir les fruits. S'il est étonnant qu'il n'eût pas fait cette confidence au Comte de Vvarwick & à sa sœur, c'est apparemment qu'il se croyoit sûr de les faire entrer tôt ou tard dans ses desseins, & que dans la necessité où ils étoient d'employer le secours & le nom de la Maison de Lancastre, il ne vouloit pas les exposer tout d'un coup au remord d'une d'une double trahison ; à moins qu'on ne veuille supposer qu'elle étoit deja commune entr'eux, & qu'ils agissoient de concert. Quoiqu'il en soit, autant qu'il étoit important pour la Reine de sçavoir quel fond elle avoit à faire sur les motifs de ceux qui s'offroient à la servir, autant deviendra-t-il agreable au Lecteur d'avoir connu les premiers ressorts des grands évenemens qui se preparent, & d'admirer combien les plus étranges revolutions sont quelquefois legeres & faciles à prevenir dans leur source.

Il resta si peu de defiance à Marguerite après cette explication, que s'ouvrant avec la même franchise, elle ne fit pas difficulté de confesser à Mylady Nevill que ses propres desseins n'étoient encore fondez que sur de simples esperances. Elles étoient même diminuées, depuis son arrivée d'Ecosse, par mille contretems qui lui faisoient craindre plus d'obstacles qu'elle n'en avoit prevû à se procurer des secours qu'elle avoit crû presqu'infaillibles

Sans compter le refus qu'elle avoit deja essuyé du Duc de Bourgogne, & celui même du Duc de Calabre, qui ne lui avoit pas fait mieux esperer du Roi de Sicile son pere, elle apprenoit à Paris qu'il ne lui restoit pas beaucoup plus de ressource du côté de la France & de celui du Duc de Bretagne, quoiqu'elle eût également compté sur ces deux Puissances. Louis XI. ayant formé le projet de rendre son autorité absolue dans toute l'étendue de ses Etats, pensoit à diminuer le pouvoir excessif des Grands. Les Ducs de Bourgogne & de Bretagne étoient les plus redoutables, autant par l'habitude qu'ils avoient formée de l'independance, que par la grandeur de leur Domaine, & la multitude de leurs Sujets. Les attaquer tous deux à la fois étoit une entreprise qui surpassoit ses forces, mais il s'étoit flatté de les ruiner successivement, & le Duc de Bretagne fut le premier contre lequel il resolut de tourner ses armes. Il en avoit un pretexte dans le refus qu'Arthus III. avoit fait de prêter l'Hommage-lige au Roi Charles VII. François II. successeur d'Arthus l'avoit refusé de même, & le Roi trop foible alors pour exiger une soumission que les Ducs de Bretagne contestoient depuis long-tems, n'avoit pû suivre l'exemple de Charles V. qui sur quelques demêlez de la même nature, avoit fait confisquer & reünir le Duché de Bretagne à la Couronne, par Arrêt de la Cour des Pairs. Louis XI. resolu d'entreprendre ce qui n'avoit pû être executé par son predecesseur, avoit deja fait filer quelques Troupes dans l'Anjou ; & Morvilliers son Chancelier avoit defendu de sa part au Duc de Bretagne de s'attribuer le droit de souveraineté dans ses Etats. A la verité le Duc, qui s'étoit trouvé surpris, avoit eu recours à la ruse. Il avoit demandé un delai de trois mois, pour consulter ses Sujets. Mais s'étant servi de ce tems pour cabaler en France parmi les Grands, il avoit formé contre Louis une Ligue formidable, sous le nom de *Ligue du Bien Public.*

Cette nouvelle commençoit à se repandre, lorsque la Reine étoit arrivée à Paris. En decouvrant ses craintes à Mylady. Nevill, elle ne lui promit pas moins de tout entreprendre pour obtenir l'assistance de Louis. Si elle n'en obtenoit pas un Corps de Troupes reglées, elle ne doutoit pas du moins qu'il ne lui accordât la permission qu'elle avoit deja eue, d'engager des Volontaires à son service. Le Senechal, qui fut appellé à la fin de cet entretien, offrit tout son credit & toutes ses richesses. Enfin, ne demandant à la sœur du Comte de Vvarwick que le tems de se rendre à la Cour, Marguerite la pria d'attendre son retour, & de faire sçavoir à son frere la reconnoissance qu'elle lui avoit trouvée pour ses offres. Elle partit pour Chinon, où Louis étoit avec toute sa Cour. Ses demandes & la maniere de les faire étoient meditées. Comme Mylady Nevill n'avoit pas exigé que les propositions de son frere fussent cachées au Roi, elle se promit que malgré tous les projets que ce Prince meditoit lui-même, il ne laiſſeroit pas échapper une ſi belle occaſion de porter le trouble en Angleterre. L'alliance d'Edouard & du Duc de Bourgogne avoit commencé à lui donner de l'ombrage. Il ſçavoit même que le Duc de Bretagne avoit cherché à ſe menager un appui du côté des Anglois. Dans les principes de ſa politique, la ruine ou l'abaiſſement d'un Ennemi étoit pour lui un accroiſſement de grandeur & de puiſſance.

Des idées ſi flatteuſes occuperent agreablement la Reine juſqu'à Chinon. Mais avant qu'elle eût pu ſe preſenter au Roi, Mylady Nevill, arrivée auſſi-tôt qu'elle, lui fit demander avec tant d'impatience à lui parler, qu'elle rompit tout autre engagement pour la recevoir. Cette Dame venoit non-ſeulement lui temoigner une honte extrême, d'avoir été employée par ſon frere à des ouvertures dont les fruits s'évanouiſſoient tout d'un coup, mais lui conſeiller à elle-même de ne pas les hazarder au Roi, ſi elle ne vouloit avoir la confuſion de les voir deſavouées. En un mot, Vauclerc, depêché par le

Comte de Vvarwick, étoit arrivé à Paris presqu'au même instant que la Reine en sortoit, avec ordre d'imposer silence à Mylady Nevill, si elle ne l'avoit point encore rompu, ou de lui faire retracter toutes ses propositions, si elle les avoit faites à la Reine.

Une inconstance si extraordinaire ayant rempli cette Princesse de colere & d'indignation, la sœur du Comte qui se crût interessée à se justifier, dans un lieu où elle ne se croyoit pas à couvert de son ressentiment, lui raconta par quel nouveau caprice d'Edouard tous les projets des Seigneurs Mecontens avoient été renversez. On n'a pas sçu s'il s'étoit defié de quelque trame secrete ; mais se rendant aux avis de son Conseil qui le pressoit de se marier, & n'osant s'expliquer sur le seul mariage qu'il desiroit au fond du cœur, il avoit consenti à faire demander au Roi Louis XI. la Princesse *Bonne* de Savoye, qui étoit élevée à la Cour de France auprès de la Reine Charlotte sa sœur. Il avoit proposé au Comte de Vvarwick de se charger de cette negociation, & dans la resolution feinte ou sincere d'oublier Elizabeth Vvoodville, il avoit dit au Comte cent choses obligeantes sur l'esperance qu'il avoit de racheter son amitié par ce sacrifice. C'étoit effectivement le droit le plus inviolable qu'il pût acquerir sur un homme si passionné. Le Comte avoit étouffé aussi-tôt sa haine, & faisant entrer ses complices dans les mémes sentimens, il avoit accepté l'Ambassade de France sans autre sûreté que la parole de son Maître. Dès le même jour le Roi avoit cessé de voir Elizabeth. Le regret d'avoir manqué le Trône la fit retourner à Northampton, & le Comte qui avoit assez penetré ses vûës pour craindre qu'une ardeur empressée à la revoir n'eût l'air d'un triomphe qui pouvoit irriter son chagrin, feignit de ne pas remarquer qu'elle se fût éloignée de Londres. Mais ayant fait avertir aussi-tôt sa sœur, il se hâtoit de faire les preparatifs d'une Ambassade, dont le succès lui paroissoit moins important pour le Roi que pour lui-même.

Marguerite avoit écouté ce recit avec une curiosité qui n'avoit pas diminué son indignation. Elle avoit partagé son attention entre la conduite du Comte de Vvarwick & celle qu'elle devoit tenir avec sa sœur. Il étoit indigne d'un cœur tel que le sien de tourner sa vengeance sur une femme : mais elle se souvint qu'elle étoit Reine ; & n'ayant point oublié les engagemens de ses deux freres, & ceux du Duc de Clarence & de l'Archevêque, qu'elle avoit vûs entre ses mains, elle prit la resolution de se faire remettre toutes ces Pieces, dont elle pouvoit faire un terrible usage contre ses Ennemis. Elle les demanda à Mylady Nevill, du ton d'une Reine qui veut être obeïe. Heureusement pour ses freres, elle avoit eu la prudence de les laisser à Vauclere. Marguerite n'en croyant point ses protestations, usa peut-être avec trop de rigueur du droit qu'elle croyoit conserver encore sur une Sujette. Elle appella quelques Gentilshommes qui la suivoient, & leur ordonnant de lui apporter tout ce qu'ils trouveroient

trouveroient sur une femme qu'elle nomma son Ennemie, elle se retira pour l'abandonner à leurs recherches indiscretes. Mylady Nevill fut traitée avec trop peu de respect par des gens qui croyoient se faire un merite de leur zéle. Ils ne trouverent sur elle qu'une lettre de son frere, qui ne contenoit rien d'assez important pour lui nuire ; & le chagrin qu'ils eurent d'avoir servi si mal le ressentiment de leur Reine, augmenta leur dureté pour la sœur du Comte.

N'ayant aucun espoir d'obtenir vengeance ou justice du Roi Louis XI. elle emporta sa douleur à Paris, où elle resolut d'attendre l'arrivée de son frere. Vauclerc desesperé de l'outrage qu'elle avoit reçu, lui offrit de la venger avec éclat ; mais dans le dessein qui amenoit le Comte de Vvarwick en France, elle se flatta, que pour peu que le Roi sentit de penchant à donner sa belle-sœur au Roi d'Angleterre, il traiteroit favorablement son Ambassadeur, & qu'elle trouveroit l'occasion de susciter quelque mortification à la Reine. Les secrets qu'elle lui avoit confiez ne l'exposoient à rien, lorsqu'ils n'étoient accompagnés d'aucunes preuves.

Marguerite avoit aussi l'avantage de ne s'être engagée dans aucune ouverture dont on pût abuser pour rompre ses projets. Mais n'ayant plus que son infortune à faire valoir, elle trouva de la part de Louis toutes les difficultez qu'elle avoit prévues. Dans le besoin qu'il avoit de Troupes & d'argent, il lui refusa jusqu'à la permission qu'il lui avoit accordée dans d'autres tems, de lever elle-même des Volontaires : & lui representant qu'une entreprise exécutée à demi diminueroit la confiance & l'ardeur de ses Partisans, il la pria pour son propre interêt de remettre ses desseins à des conjonctures plus favorables. Elle n'avoit rien épargné neanmoins pour lui faire envisager de l'utilité à la servir, & ce fut dans le chagrin de voir tourner si mal des vûes qu'elle avoit formées avec tant de reflexions & de soins qu'elle eut recours à des artifices moins dignes d'elle, mais qui lui réussirent plus heureusement.

Sans esperer que le Comte de Vvarwick pût rompre légerement les nouveaux engagemens qu'il avoit pris avec Edouard, elle se persuada qu'il n'étoit pas impossible de faire renaître la principale cause de leur division ; & malgré toute la haine qu'elle portoit au Comte, elle fut forcée de reconnoître que ce n'étoit que par lui qu'elle pouvoit relever sa fortune, comme il étoit évident qu'il avoit servi seul à l'abattre. Le nouvel outrage qu'elle avoit fait à sa sa sœur, joint à tant de coups sanglans qu'elle lui avoit portez sans relâche, ne lui permettant plus de le tenter par les voyes ordinaires ; elle crut pouvoir le mettre encore dans la necessité de revenir à elle ; en ruinant pour jamais la confiance qui paroissoit renaître entre Edouard & lui. Avant que d'en chercher d'autres moyens, la passion de ce Prince pour Elizabeth Vvoodwille lui en parut un qui pouvoit être employé. Si dans le tems qu'il faisoit passer le Comte en France on pouvoit le rengager plus que jamais à voir sa Maitresse, & bâtir là-dessus quelque avanture vraisemblable qui pût inspirer au Comte le moindre soupçon d'avoir été trompé, elle ne douta point que le ressentiment ne fit rompre toutes mesures à un homme si fier, & que le desir de la vengeance ne devint bien-tôt sa passion la plus violente. Mais quelle apparence, de faire jouer les ressorts qui étoient nécessaires à Londres ? La fortune, nom vague, auquel on est toujours forcé de recourir quand on ignore le nœud secret des évenemens, favorisa la Reine au-delà de ses esperances.

Elle avoit auprès d'elle une femme extrêmement adroite, qui se nommoit Madame Trott, liée d'assez prés par le sang à Elizabeth Lucy, qui avoit été long-tems Maitresse d'Edouard, & que le chagrin d'avoir été abandonnée par ce Prince, faisoit vivre depuis quelque tems dans la retraite. Elizabeth Lucy étoit de Northampton, c'est-à-dire, du même lieu où Elizabeth Vvoodwille avoit sa famille & son bien. La Reine prit assez de confiance à une femme qu'elle avoit comblée de biens faits, pour lui proposer de faire le voyage d'Angleterre, & de s'y rendre propre à la servir, Dans le tems qu'elle l'instruisoit de ses intentions, Edmond de Sommerset, qui portoit le titre de Duc depuis la mort de son frere, arrivoit à Paris pour la rejoindre; avec le zéle qui étoit hereditaire à son sang. Tant d'outrages qu'il avoit essuyez de la fortune & ceux qui lui restoient à craindre, ne l'empêcherent point de s'offrir aussi pour une entreprise dont il goûta le plan. Il y vit des facilitez que la Reine ignoroit. Le Chevalier Gray, dont Elisabeth Vvoodwille étoit veuve, avoit été son intime ami; & lorsqu'il étoit question d'employer l'artifice, il pouvoit feindre de retourner en Angleterre pour ménager sa grace, demander un azyle à Elisabeth, & lui faire même entendre que c'étoit l'opinion qu'il avoit de sa faveur qui le faisoit recourir à elle. Il se flattoit de penetrer bien-tôt dans quels termes elle étoit avec le Roi, & de l'aider par ses conseils à tirer tout le fruit qu'elle pourroit de l'ascendant qu'elle avoit sur lui.

Tandis qu'il prenoit la route de Londres avec la Dame Trott, Marguerite, qui n'étoit pas capable de perdre un moment de vûe son objet, rendit une visite au Roi de Sicile son pere, qui s'étoit retiré à Aix en Provence, & reçut de lui une somme médiocre, le seul secours qu'il étoit en état de lui offrir. Delà elle prit la route de Normandie, par le conseil du Senéchal, qui lui avoit promis de rassembler non-seulement les cinq cens hommes qui l'avoient suivie l'année précedente en Ecosse, mais, avec eux, un grand nombre d'Anglois qui étoient passez dans cette Province à la suite des Lancastres & qui y avoient été attachez au Duc de Betfort. Louis, à qui elle demanda particulierement cette permission, ne put lui refuser à titre de faveur, ce qu'il semble qu'elle auroit eu raison d'exiger comme un droit. Les Anglois qui se trouvoient établis en France, n'y étant venus que pour y vivre sous la domination de leurs Rois, pouvoient sans doute retourner dans leur Patrie lorsque les Provinces où ils s'étoient fixez avoient changé de Maîtres. Cependant, Morvilliers, representa au Roi que cette liberté ne devoit pas s'accorder sans distinction. Un grand nombre de ces Etrangers penserent bien tôt à profiter d'une occasion qui les alloit dispenser, ou de satisfaire aux dettes qu'ils avoient contractées dans le lieu de leur demeure, ou de remplir d'autres engagemens dont on n'iroit pas leur demander compte en Angleterre. Ainsi, la permission que la Reine avoit obtenue fut restrainte à ceux qui ne seroient liez par aucun devoir civil. Mais cette restriction diminua l'ardeur qu'on avoit marquée d'abord à se ranger sous ses Enseignes.

Le chagrin qu'elle en ressentit, la fit retourner à Paris, en laissant au Senéchal le soin d'exécuter ce qu'il lui avoit representé comme une ressource, après tant de refus ou de foibles offres qui ne lui laissoient plus d'autre esperance. Cependant, ce n'étoit point sans de nouvelles vûes qu'elle se determinoit tout d'un coup à se rendre dans la Capitale. Elle avoit reçu avis d'une personne qu'elle y avoit laissée, que le Duc d'Excester charmé d'être enfin retombé sur ses traces, l'attendoit avec une impatience extraordinaire, & n'osoit l'aller joindre en Normandie, parce qu'il étoit d'une importance extrême que les raisons qui l'amenoient en France ne fussent pas penetrées. Ce Seigneur, après avoir été exercé par toutes sortes de disgraces, étoit passé en Hollande; sans qu'on sçache dans quel dessein, ni si ce fut après ou avant le retour de la Reine; mais il s'y étoit trouvé lorsque le Comte de Charolois, mécontent de la facilité de son Pere, qui avoit cedé au Roi Loüis par le Traité d'Arras toutes les Villes situées sur la Somme, s'étoit retiré brusquement dans cette Province. Etant connu de ce Prince, il n'en avoit pas été vû d'aussi bon œil dans un lieu où les Ministres de la Reine Marguerite lui paroissoient suspects, qu'à la Cour du Duç son pere. Le Comte qui devoit épouser incessamment la sœur d'Edoüard lui avoit fait dire de se retiyer. Dans quelques vûes qu'il y fut allé, cet ordre lui causa assez de chagrin pour lui laisser un ressentiment qu'il trouva bien-tôt l'occasion de satisfaire. En cotoyant la Flandres sur un Navire Marchand dans lequel il s'étoit embarqué à la Brille, il fut arrêté par un Vaisseau de Guerre François, qui faisoit voile vers la Hollande. Le Capitaine, qui étoit le Bâtard de Rubempré, n'avoit point d'autre vûe que de prendre des informations sur sa route; mais ayant reconnu le Duc d'Excester, qu'il se souvint d'avoir vû à la Cour de France, il apprit de lui les sujets de plainte qu'il emportoit contre le Comte de Charolois, & ce fut assez pour le porter à s'ouvrir sur la commission qui le menoit en Hollande. Louis XI. indigné contre le Comte qui lui avoit manqué plusieurs fois de respect, n'avoit pas plûtot appris qu'il avoit abandonné la Cour de son pere avec une suite peu nombreuse, qu'il s'étoit proposé de le faire enlever. Divers Historiens ont prétendu que dans le même tems, il pensoit d'un autre côté à se saisir aussi du Duc de Bourgogne; mais il est certain que regardant l'enlevement du Comte de Charolois comme une entreprise aisée, il en avoit chargé Rubempré par un ordre signé de sa main. Il lui avoit fait équiper à Dieppe un Vaisseau chargé de Soldats choisis, qui sans sçavoir à quoi ils étoient destinez avoient ordre de rendre une obéissance aveugle à leur Chef.

Rubempré ne prodiguoit pas mal à propos sa confiance, en s'associant un aussi brave homme que le Duc d'Excester, mais il ne s'attendoit point à la proposition que le Duc lui fit à son tour. Comme il rapportoit tout aux interêts de sa Reine, il trouva dans un Vaisseau si bien équipé, & conduit par un Chef d'une valeur connue, l'occasion qu'il cherchoit pour tenter une nouvelle descente en Angleterre. Telle étoit la persuasion de la Reine & de tous ceux qui étoient attachez à sa fortune. Ils ne demandoient jamais qu'un petit nombre d'hommes pour s'ouvrir une entrée dans leur Patrie, assez sûres, par le penétant naturel aux Anglois, qu'il suffisoit d'y faire entendre le signal de la sedition & de la guerre, pour y composer tout d'un coup une Armée. Le Duc conjura donc Rubempré d'entrer dans un projet qui lui assuroit avec une gloire immortelle tous les avantages qu'il lui plairoit d'exiger de la reconnoissance de la Reine, & lui promettant à cette condition de l'accompagner en Hollande, il le fit consentir à tourner ses voiles vers l'Angleterre aussi-tôt qu'ils auroient remis le Comte de Charolois dans le premier Port de France. Quoiqu'il y eut une imprudence extrême dans un engagement de cette nature, que le Bâtard formoit sans la participation de son Maître, il y en eut moins dans la composition qu'il fit avec le Duc pour la certitude de sa récompense. Peut-être étoit il pardonnable à un Avanturier, qui n'avoit rien à se promettre que de son courage, de saisir une ouverture qu'il regardoit comme une faveur du Ciel, & de se laisser même enyvrer par les idées de gloire & de fortune dont son imagination se remplit tout d'un coup. Mais ne se fiant point à des promesses douteuses, il apprit au Duc que la Reine étoit en France, & il lui proposa de se rendre auprès d'elle pour lui faire approuver leur resolution. Outre le dessein de s'assurer la recompense de ses services, il sçavoit que cette Princesse ne respiroit que l'occasion de repasser la Mer, & il ne doutoit pas que sa présence & celle de son fils ne contribuassent autant que son secours à ranimer leurs Partisans. Ainsi remerciant le Duc de l'offre qu'il lui faisoit de l'accompagner en Hollande, il le pressa au contraire de se rendre à Paris, & de concerter l'execution de leur entreprise avec la Reine. Le rendez-vous qu'il lui donna, fut le Port même de Dieppe, d'où il étoit parti; & comptant sur le succès du voyage qu'il alloit achever, il ne lui demanda que le secret & quinze jours de délai.

Marguerite connoissoit l'esprit & la valeur du Bâtard de Rubempré. Mais au milieu de la joye qu'elle ressentit de trouver des Défenseurs, sa fierté lui fit craindre qu'un armement si peu considerable, & sous la conduite d'un Chef dont le caractere lui paroissoit mal repondre à la Majesté Royale, ne rendit son entreprise méprisable aux yeux des Anglois. La premiere de ces objections étoit levée par l'esperance de faire embarquer dans le même tems une partie des Troupes que le Senechal continuoit de lever en Normandie; mais c'étoit divulguer les promesses de Rubempré, & l'exposer à se voir arrêter par l'ordre du Roi. Cependant, comment rejetter des offres, qui étoient les plus favorables qu'elle eut reçues depuis long-tems, & les seules dont l'effet fut assez prompt pour satisfaire une partie de son impatience? Et si le Duc de Sommerset parvenoit heureusement à rallumer la haine entre Edouard & le Comte de Vvarwick, pouvoit-elle s'assurer trop tôt les premiers secours qui redeviendroient necessaires au Comte pour l'execution de son dernier projet? Elle se rendit enfin à la proposition du Duc d'Excester, mais en se reservant le pouvoir de regler la forme de cette nouvelle Expedition sur les circonstances.

Cependant, le Comte de Vvarwick arriva à Paris, avec une suite si nombreuse & si bridante, qu'on n'avoit jamais vu d'exemple de cette magnificence dans un Ambassadeur Anglois. Il fit une Entrée somptueuse, dont Mylady Nevill partagea la gloire. Elle affecta de se faire voir avec son frere dans un éclat extraordinaire, comme si son dessein eût été d'humilier la Reine par la comparaison de tant de splendeur avec la situation de cette Princesse, qui se retranchoit au contraire tout ce qu'elle pouvoit derober à la bienseance de son rang, pour l'employer à de meilleurs usages. Marguerite parut insensible à cette foible vengeance, & tandis que le Comte alloit presser sa negociation à la Cour, elle recevoit des nouvelles de Sommerset qui lui faisoient prevoir qu'elle se verroit bien-tôt recherchée de ceux qui sembloient la regarder avec mepris. Elle avoit employé quelques ressorts secrets à la Cour, pour faire naitre des difficultez contre le succès de la demande d'Edouard ; mais suivant les avis qu'elle reçut de Londres, elle prit au contraire le parti d'appuyer indirectement l'Ambassade du Comte, & d'écarter tous les obstacles qui pouvoient la faire trainer en longueur. On lui marquoit que le Roi retombé dans toute sa foiblesse, ne quittoit plus un moment Elisabeth Vvoodwille, & qu'on ne desesperoit point que dans le transport d'une passion qui l'aveugloit, on ne put lui faire prendre la resolution de l'épouser. C'étoit plus que la Reine n'osoit demander à la fortune. Elle jouissoit deja de tous les emportemens du Comte de Vvarwick, qui n'apprendroit point qu'Edouard revoyoit sa Maitresse, sans le dévouer à toute sa haine. Que seroit-ce d'apprendre qu'il l'auroit épousée ? Et s'il pouvoit reussir dans cet intervalle à obtenir la sœur de Louis pour ce Prince, à quel excès de fureur ne se laisseroit-il pas emporter, en se trouvant chargé d'une Ambassade ridicule, qui n'aboutiroit qu'à le rendre la fable de toute l'Europe.

Cette esperance causa tant de joye à la Reine, que dans la vûë de hâter le succès du Comte, elle engagea le Senechal de Normandie à se rendre à la Cour, & à se prevaloir de la connoissance qu'il avoit de ses affaires, pour faire passer Louis sur un reste de bienséance. qui paroissoit l'arrêter. Il n'avoit point encore cessé de la reconnoître pour Reine d'Angleterre, & le Prince son fils étoit traité en France. comme l'heritier de cette Couronne. Outre que les droits d'Edouard ne lui sembloient point encore bien affermis, il respectoit dans Marguerite, avec tant de qualitez qui la rendoient digne de son rang, une de ses plus proches parentes, & la fille d'un malheureux Roi que rien n'avoit été capable de détacher des interêts de la France. Mais le Senechal lui representa que depuis les Batailles de Tawnton & d'Exham; il y avoit si peu d'esperance que la fortune de Henri pût se relever, qu'il n'étoit plus tems de rien accorder à de si vaines considerations. Il lui parla des projets de la Reine

comme

comme d'un dernier effort qu'elle croyoit devoir à son honneur & à la misérable situation de son mari, mais dont elle reconnoissoit elle-même l'impuissance. Il prit même occasion du malheur qui venoit d'arriver au Bâtard de Rubempré pour lui faire comprendre à quel excès d'abaissement la Reine étoit reduite, puisque le plus solide fondement de ses entreprises avoit été le secours qu'elle esperoit de cet Avanturier. On avoit appris nouvellement qu'au lieu d'enlever le Comte de Charolois, Rubempré s'étoit laissé prendre par ce Prince ; & que sur la connoissance qu'on avoit euë de son dessein par l'ordre qu'on avoit trouvé sur lui, on instruisoit son Procès avec la derniere rigueur. Ainsi, la Reine qui n'avoit plus de secours à attendre de lui, en tiroit une autre utilité, en le faisant servir à persuader au Roi, qu'une cause étoit bien desesperée lorsqu'elle étoit reduite à de tels Défenseurs.

Ces raisons l'emporterent effectivement sur toutes les difficultez qui avoient retardé la negociation du

Comte. Loüis promit sa belle sœur. Une nouvelle si importante s'étant aussi-tôt repanduë, Marguerite feignit d'en être mortellement troublée, tandis que le Comte de Vvarwick, heureux & triomphant, prit soin de depêcher aussi-tôt à Londres, pour communiquer le succès de son Ambassade à son Maître. Mais dans le tems qu'il en attendoit des remercimens & des félicitations, il apprit qu'Edoüard venoit d'épouser Elisabeth Vvoodwille. Quoique ce mariage eût été celebré en secret & qu'il en restât quelqu'incertitude au Public, la Reine qui n'en ignoroit aucune circonstance, ne manqua point de le faire communiquer au Comte, avant même qu'il en eût été informé par le zéle de ses amis. Sommerset avoit repassé la Mer, aussi-tôt qu'il avoit vû le Roi lié avec toutes les formalitez qui rendent le nœud indissoluble; & comme c'étoit son habileté qui avoit fait tomber ce Prince dans le piege, ce fut lui qui donna aussi à la Reine le plaisir d'en recueillir les premiers fruits, par l'adresse avec laquelle il fit porter cette nouvelle au Comte , dans le moment qu'il celebroit deja son bonheur par un grand Festin.

*Fin du second Livre.*

www.ingramcontent.com/pod-product-compliance
Ingram Content Group UK Ltd.
Pitfield, Milton Keynes, MK11 3LW, UK
UKHW021120220726
13924UKWH00004B/1817

9 782019 676438